QUIRGUIZ
VOCABULÁRIO

PORTUGUÊS BRASILEIRO

PORTUGUÊS QUIRGUIZ

Para alargar o seu léxico e apurar
as suas competências linguísticas

3000 palavras

Vocabulário Português Brasileiro-Quirguiz - 3000 palavras

Por Andrey Taranov

Os vocabulários da T&P Books destinam-se a ajudar a aprender, a memorizar, e a rever palavras estrangeiras. O dicionário é dividido em temas, cobrindo todas as principais esferas de atividades quotidianas, negócios, ciência, cultura, etc.

O processo de aprendizagem, utilizando os dicionários baseados em temáticas da T&P Books dá-lhe as seguintes vantagens:

- Informação de origem corretamente agrupada predetermina o sucesso em fases subsequentes da memorização de palavras
- Disponibilização de palavras derivadas da mesma raiz, o que permite a memorização de unidades de texto (em vez de palavras separadas)
- Pequenas unidades de palavras facilitam o processo de estabelecimento de vínculos associativos necessários para a consolidação do vocabulário
- O nível de conhecimento da língua pode ser estimado pelo número de palavras aprendidas

T&P Books Publishing
www.tpbooks.com

ISBN: 978-1-78767-422-6

Este livro também está disponível em formato E-book.
Por favor visite www.tpbooks.com ou as principais livrarias on-line.

VOCABULÁRIO QUIRGUIZ
palavras mais úteis

Os vocabulários da T&P Books destinam-se a ajudar a aprender, a memorizar, e a rever palavras estrangeiras. O vocabulário contém mais de 3000 palavras de uso comum organizadas tematicamente.

O vocabulário contém as palavras mais comummente usadas
Recomendado como adicional para qualquer curso de línguas
Satisfaz as necessidades dos iniciados e dos alunos avançados de línguas estrangeiras
Conveniente para o uso diário, sessões de revisão e atividades de auto-teste
Permite avaliar o seu vocabulário

Características especias do vocabulário

* As palavras estão organizadas de acordo com o seu significado, e não por ordem alfabética
* As palavras são apresentadas em três colunas para facilitar os processos de revisão e auto-teste
* As palavras compostas são divididas em pequenos blocos para facilitar o processo de aprendizagem
* O vocabulário oferece uma transcrição simples e adequada de cada palavra estrangeira

O vocabulário contém 101 tópicos incluindo:

Conceitos básicos, Números, Cores, Meses, Estações do ano, Unidades de medida, Roupas & Acessórios, Alimentos & Nutrição, Restaurante, Membros da Família, Parentes, Caráter, Sentimentos, Emoções, Doenças, Cidade, Passeios, Compras, Dinheiro, Casa, Lar, Escritório, Trabalho no Escritório, Importação & Exportação, Marketing, Pesquisa de Emprego, Esportes, Educação, Computador, Internet, Ferramentas, Natureza, Países, Nacionalidades e muito mais ...

TABELA DE CONTEÚDOS

Guia de pronunciação		8
Abreviaturas		9

CONCEITOS BÁSICOS 10

1.	Pronomes	10
2.	Cumprimentos. Saudações	10
3.	Questões	11
4.	Preposições	11
5.	Palavras funcionais. Advérbios. Parte 1	12
6.	Palavras funcionais. Advérbios. Parte 2	13

NÚMEROS. DIVERSOS 15

7.	Números cardinais. Parte 1	15
8.	Números cardinais. Parte 2	16
9.	Números ordinais	16

CORES. UNIDADES DE MEDIDA 17

10.	Cores	17
11.	Unidades de medida	17
12.	Recipientes	18

VERBOS PRINCIPAIS 20

13.	Os verbos mais importantes. Parte 1	20
14.	Os verbos mais importantes. Parte 2	21
15.	Os verbos mais importantes. Parte 3	22
16.	Os verbos mais importantes. Parte 4	22

TEMPO. CALENDÁRIO 24

17.	Dias da semana	24
18.	Horas. Dia e noite	24
19.	Meses. Estações	25

VIAGENS. HOTEL 28

20. Viagens 28
21. Hotel 28
22. Turismo 29

TRANSPORTES 31

23. Aeroporto 31
24. Avião 32
25. Comboio 33
26. Barco 34

CIDADE 36

27. Transportes urbanos 36
28. Cidade. Vida na cidade 37
29. Instituições urbanas 38
30. Sinais 39
31. Compras 40

VESTUÁRIO & ACESSÓRIOS 42

32. Roupa exterior. Casacos 42
33. Vestuário de homem & mulher 42
34. Vestuário. Roupa interior 43
35. Adereços de cabeça 43
36. Calçado 43
37. Acessórios pessoais 44
38. Vestuário. Diversos 44
39. Cuidados pessoais. Cosméticos 45
40. Relógios de pulso. Relógios 46

EXPERIÊNCIA DO QUOTIDIANO 47

41. Dinheiro 47
42. Correios. Serviço postal 48
43. Banca 48
44. Telefone. Conversação telefônica 49
45. Telefone móvel 50
46. Estacionário 50
47. Línguas estrangeiras 51

REFEIÇÕES. RESTAURANTE 53

48. Por a mesa 53
49. Restaurante 53
50. Refeições 53
51. Pratos cozinhados 54
52. Comida 55

53. Bebidas 57
54. Vegetais 58
55. Frutos. Nozes 59
56. Pão. Bolaria 59
57. Especiarias 60

INFORMAÇÃO PESSOAL. FAMÍLIA 61

58. Informação pessoal. Formulários 61
59. Membros da família. Parentes 61
60. Amigos. Colegas de trabalho 62

CORPO HUMANO. MEDICINA 64

61. Cabeça 64
62. Corpo humano 65
63. Doenças 65
64. Sintomas. Tratamentos. Parte 1 67
65. Sintomas. Tratamentos. Parte 2 68
66. Sintomas. Tratamentos. Parte 3 69
67. Medicina. Drogas. Acessórios 69

APARTAMENTO 71

68. Apartamento 71
69. Mobiliário. Interior 71
70. Quarto de dormir 72
71. Cozinha 72
72. Casa de banho 73
73. Eletrodomésticos 74

A TERRA. TEMPO 75

74. Espaço sideral 75
75. A Terra 76
76. Pontos cardeais 77
77. Mar. Oceano 77
78. Nomes de Mares e Oceanos 78
79. Montanhas 79
80. Nomes de montanhas 80
81. Rios 80
82. Nomes de rios 81
83. Floresta 81
84. Recursos naturais 82
85. Tempo 83
86. Tempo extremo. Catástrofes naturais 84

FAUNA 86

87. Mamíferos. Predadores 86
88. Animais selvagens 86

89. Animais domésticos 87
90. Pássaros 88
91. Peixes. Animais marinhos 90
92. Anfíbios. Répteis 90
93. Insetos 91

FLORA 92

94. Árvores 92
95. Arbustos 92
96. Frutos. Bagas 93
97. Flores. Plantas 94
98. Cereais, grãos 95

PAÍSES DO MUNDO 96

99. Países. Parte 1 96
100. Países. Parte 2 97
101. Países. Parte 3 98

GUIA DE PRONUNCIAÇÃO

Alfabeto fonético T&P	Exemplo quirguiz	Exemplo Português
[a]	манжа [mandʒa]	chamar
[e]	келечек [keletʃek]	metal
[i]	жигит [dʒigit]	sinônimo
[ı]	кубаныч [kubanıtʃ]	sinônimo
[o]	мактоо [maktoo]	lobo
[u]	узундук [uzunduk]	bonita
[ʉ]	алюминий [alʉminij]	nacional
[y]	түнкү [tynky]	questionar
[b]	ашкабак [aʃkabak]	barril
[d]	адам [adam]	dentista
[dʒ]	жыгач [dʒıgatʃ]	adjetivo
[f]	флейта [flejta]	safári
[g]	тегерек [tegerek]	gosto
[j]	бөйрөк [bøjrøk]	Vietnã
[k]	карапа [karapa]	aquilo
[l]	алтын [altın]	libra
[m]	бешмант [beʃmant]	magnólia
[n]	найза [najza]	natureza
[ŋ]	булуң [buluŋ]	alcançar
[p]	пайдубал [pajdubal]	presente
[r]	рахмат [raχmat]	riscar
[s]	сагызган [sagızgan]	sanita
[ʃ]	бурулуш [buruluʃ]	mês
[t]	түтүн [tytyn]	tulipa
[χ]	пахтадан [paχtadan]	spagnolo - Juan
[ts]	шприц [ʃprits]	tsé-tsé
[tʃ]	биринчи [birintʃi]	Tchau!
[v]	квартал [kvartal]	fava
[z]	казуу [kazuu]	sésamo
[ʲ]	руль, актёр [rulʲ, aktʲor]	sinal de palatalização
[ʰ]	объектив [obʰjektiv]	sinal forte

ABREVIATURAS
usadas no vocabulário

Abreviaturas do Português

adj	-	adjetivo
adv	-	advérbio
anim.	-	animado
conj.	-	conjunção
desp.	-	esporte
etc.	-	Etcetera
ex.	-	por exemplo
f	-	nome feminino
f pl	-	feminino plural
fem.	-	feminino
inanim.	-	inanimado
m	-	nome masculino
m pl	-	masculino plural
m, f	-	masculino, feminino
masc.	-	masculino
mat.	-	matemática
mil.	-	militar
pl	-	plural
prep.	-	preposição
pron.	-	pronome
sb.	-	sobre
sing.	-	singular
v aux	-	verbo auxiliar
vi	-	verbo intransitivo
vi, vt	-	verbo intransitivo, transitivo
vr	-	verbo reflexivo
vt	-	verbo transitivo

CONCEITOS BÁSICOS

1. Pronomes

eu	мен, мага	men, maga
você	сен	sen
ele, ela	ал	al
eles, elas	алар	alar

2. Cumprimentos. Saudações

Oi!	Салам!	salam!
Olá!	Саламатсызбы!	salamatsızbı!
Bom dia!	Кутман таңыңыз менен!	kutman taŋıŋız menen!
Boa tarde!	Кутман күнүңүз менен!	kutman kynyŋyz menen!
Boa noite!	Кутман кечиңиз менен!	kutman ketʃiŋiz menen!
cumprimentar (vt)	учурашуу	utʃuraʃuu
Oi!	Кандай!	kandaj!
saudação (f)	салам	salam
saudar (vt)	саламдашуу	salamdaʃuu
Como você está?	Иштериңиз кандай?	iʃteriŋiz kandaj?
Como vai?	Иштер кандай?	iʃter kandaj?
E aí, novidades?	Эмне жаңылык?	emne dʒaŋılık?
Tchau! Até logo!	Көрүшкөнчө!	køryʃkøntʃø!
Até breve!	Эмки жолукканга чейин!	emki dʒolukkanga tʃejin!
Adeus! (sing.)	Кош бол!	koʃ bol!
Adeus! (pl)	Кош болуңуз!	koʃ boluŋuz!
despedir-se (dizer adeus)	коштошуу	koʃtoʃuu
Até mais!	Жакшы кал!	dʒakʃı kal!
Obrigado! -a!	Рахмат!	raχmat!
Muito obrigado! -a!	Чоң рахмат!	tʃoŋ raχmat!
De nada	Эч нерсе эмес	etʃ nerse emes
Não tem de quê	Алкышка арзыбайт	alkıʃka arzıbajt
Não foi nada!	Эчтеке эмес.	etʃteke emes
Desculpa!	Кечир!	ketʃir!
Desculpe!	Кечирип коюңузчу!	ketʃirip kojuŋuztʃu!
desculpar (vt)	кечирүү	ketʃiryy
desculpar-se (vr)	кечирим суроо	ketʃirim suroo
Me desculpe	Кечирим сурайм.	ketʃirim surajm
Desculpe!	Кечиресиз!	ketʃiresiz!
perdoar (vt)	кечирүү	ketʃiryy
Não faz mal	Эч капачылык жок.	etʃ kapatʃılık dʒok
por favor	суранам	suranam

Não se esqueça!	Унутуп калбаңыз!	unutup kalbaŋız!
Com certeza!	Албетте!	albette!
Claro que não!	Албетте жок!	albette dʒok!
Está bem! De acordo!	Макул!	makul!
Chega!	Жетишет!	dʒetiʃet!

3. Questões

Quem?	Ким?	kim?
O que?	Эмне?	emne?
Onde?	Каерде?	kaerde?
Para onde?	Каяка?	kajaka?
De onde?	Каяктан?	kajaktan?

Quando?	Качан?	katʃan?
Para quê?	Эмне үчүн?	emne ytʃyn?
Por quê?	Эмнеге?	emnege?

Para quê?	Кайсы керекке?	kajsı kerekke?
Como?	Кандай?	kandaj?
Qual (~ é o problema?)	Кайсы?	kajsı?
Qual (~ deles?)	Кайсынысы?	kajsınısı?

A quem?	Кимге?	kimge?
De quem?	Ким жөнүндө?	kim dʒønyndø?
Do quê?	Эмне жөнүндө?	emne dʒønyndø?
Com quem?	Ким менен?	kim menen?

Quanto, -os, -as?	Канча?	kantʃa?
De quem? (masc.)	Кимдики?	kimdiki?
De quem? (fem.)	Кимдики?	kimdiki?
De quem são ...?	Кимдердики?	kimderdiki?

4. Preposições

com (prep.)	менен	menen
sem (prep.)	-сыз, -сиз	-sız, -siz
a, para (exprime lugar)	... көздөй	... køzdøj
sobre (ex. falar ~)	... жөнүндө	... dʒønyndø

| antes de ... | ... астында | ... astında |
| em frente de ... | ... алдында | ... aldında |

debaixo de ...	... астында	... astında
sobre (em cima de)	... өйдө	... øjdø
em ..., sobre ...	... үстүндө	... ystyndø

| de, do (sou ~ Rio de Janeiro) | -дан | -dan |
| de (feito ~ pedra) | -дан | -dan |

| em (~ 3 dias) | ... ичинде | ... itʃinde |
| por cima de ... | ... үстүнөн | ... ystynøn |

5. Palavras funcionais. Advérbios. Parte 1

Onde?	Каерде?	kaerde?
aqui	бул жерде	bul dʒerde
lá, ali	тээтигил жакта	teetigil dʒakta

| em algum lugar | бир жерде | bir dʒerde |
| em lugar nenhum | эч жакта | etʃ dʒakta |

| perto de ... | ... жанында | ... dʒanında |
| perto da janela | терезенин жанында | terezenin dʒanında |

Para onde?	Каяка?	kajaka?
aqui	бери	beri
para lá	нары	narı
daqui	бул жерден	bul dʒerden
de lá, dali	тигил жерден	tigil dʒerden

| perto | жакын | dʒakın |
| longe | алыс | alıs |

perto de ...	... тегерегинде	... tegereginde
à mão, perto	жакын арада	dʒakın arada
não fica longe	алыс эмес	alıs emes

esquerdo (adj)	сол	sol
à esquerda	сол жакта	sol dʒakta
para a esquerda	солго	solgo

direito (adj)	оң	oŋ
à direita	оң жакта	oŋ dʒakta
para a direita	оңго	oŋgo

em frente	астыда	astıda
da frente	алдыңкы	aldıŋkı
adiante (para a frente)	алдыга	aldıga

atrás de ...	артында	artında
de trás	артынан	artınan
para trás	артка	artka

| meio (m), metade (f) | ортосу | ortosu |
| no meio | ортосунда | ortosunda |

do lado	капталында	kaptalında
em todo lugar	бүт жерде	byt dʒerde
por todos os lados	айланасында	ajlanasında

de dentro	ичинде	itʃinde
para algum lugar	бир жерде	bir dʒerde
diretamente	түз	tyz
de volta	кайра	kajra

| de algum lugar | бир жерден | bir dʒerden |
| de algum lugar | бир жактан | bir dʒaktan |

em primeiro lugar	биринчиден	birintʃiden
em segundo lugar	экинчиден	ekintʃiden
em terceiro lugar	үчүнчүдөн	ytʃyntʃydøn

de repente	күтпөгөн жерден	kytpøgøn dʒerden
no início	башында	baʃında
pela primeira vez	биринчи жолу	birintʃi dʒolu
muito antes de ...	... алдында	... aldında
de novo	башынан	baʃınan
para sempre	түбөлүккө	tybølykkø

nunca	эч качан	etʃ katʃan
de novo	кайра	kajra
agora	эми	emi
frequentemente	көпчүлүк учурда	køptʃylyk utʃurda
então	анда	anda
urgentemente	тезинен	tezinen
normalmente	көбүнчө	købyntʃø

a propósito, ...	баса, ...	basa, ...
é possível	мүмкүн	mymkyn
provavelmente	балким	balkim
talvez	ыктымал	ıktımal
além disso, ...	андан тышкары, ...	andan tıʃkarı, ...
por isso ...	ошондуктан ...	oʃonduktan ...
apesar de ...	... карабастан	... karabastan
graças a ...	... күчү менен	... kytʃy menen

que (pron.)	эмне	emne
que (conj.)	эмне	emne
algo	бир нерсе	bir nerse
alguma coisa	бир нерсе	bir nerse
nada	эч нерсе	etʃ nerse

quem	ким	kim
alguém (~ que ...)	кимдир бирөө	kimdir birøø
alguém (com ~)	бирөө жарым	birøø dʒarım

ninguém	эч ким	etʃ kim
para lugar nenhum	эч жака	etʃ dʒaka
de ninguém	эч кимдики	etʃ kimdiki
de alguém	бирөөнүкү	birøønyky

tão	эми	emi
também (gostaria ~ de ...)	ошондой эле	oʃondoj ele
também (~ eu)	дагы	dagı

6. Palavras funcionais. Advérbios. Parte 2

Por quê?	Эмнеге?	emnege?
por alguma razão	эмнегедир	emnegedir
porque ...	,,, себептен	,,, sebepten
por qualquer razão	эмне үчүндүр	emne ytʃyndyr
e (tu ~ eu)	жана	dʒana

ou (ser ~ não ser)	же	dʒe
mas (porém)	бирок	birok
para (~ a minha mãe)	үчүн	ytʃyn
muito, demais	өтө эле	øtø ele
só, somente	азыр эле	azır ele
exatamente	так	tak
cerca de (~ 10 kg)	болжол менен	boldʒol menen
aproximadamente	болжол менен	boldʒol menen
aproximado (adj)	болжолдуу	boldʒolduu
quase	дээрлик	deerlik
resto (m)	калганы	kalganı
o outro (segundo)	башка	baʃka
outro (adj)	башка бөлөк	baʃka bøløk
cada (adj)	ар бири	ar biri
qualquer (adj)	баардык	baardık
muito, muitos, muitas	көп	køp
muitas pessoas	көбү	køby
todos	баары	baarı
em troca de ...	... алмашуу	... almaʃuu
em troca	ордуна	orduna
à mão	колго	kolgo
pouco provável	ишенүүгө болбойт	iʃenyygø bolbojt
provavelmente	балким	balkim
de propósito	атайын	atajın
por acidente	кокустан	kokustan
muito	аябай	ajabaj
por exemplo	мисалы	misalı
entre	ортосунда	ortosunda
entre (no meio de)	арасында	arasında
tanto	ошончо	oʃontʃo
especialmente	өзгөчө	øzgøtʃø

NÚMEROS. DIVERSOS

7. Números cardinais. Parte 1

zero	нөл	nøl
um	бир	bir
dois	эки	eki
três	үч	ytʃ
quatro	төрт	tørt
cinco	беш	beʃ
seis	алты	altı
sete	жети	dʒeti
oito	сегиз	segiz
nove	тогуз	toguz
dez	он	on
onze	он бир	on bir
doze	он эки	on eki
treze	он үч	on ytʃ
catorze	он төрт	on tørt
quinze	он беш	on beʃ
dezesseis	он алты	on altı
dezessete	он жети	on dʒeti
dezoito	он сегиз	on segiz
dezenove	он тогуз	on toguz
vinte	жыйырма	dʒıjırma
vinte e um	жыйырма бир	dʒıjırma bir
vinte e dois	жыйырма эки	dʒıjırma eki
vinte e três	жыйырма үч	dʒıjırma ytʃ
trinta	отуз	otuz
trinta e um	отуз бир	otuz bir
trinta e dois	отуз эки	otuz eki
trinta e três	отуз үч	otuz ytʃ
quarenta	кырк	kırk
quarenta e dois	кырк эки	kırk eki
quarenta e três	кырк үч	kırk ytʃ
cinquenta	элүү	elyy
cinquenta e um	элүү бир	elyy bir
cinquenta e dois	элүү эки	elyy eki
cinquenta e três	элүү үч	elyy ytʃ
sessenta	алтымыш	altımıʃ
sessenta e um	алтымыш бир	altımıʃ bir
sessenta e dois	алтымыш эки	altımıʃ eki

sessenta e três	алтымыш үч	altımıʃ ytʃ
setenta	жетимиш	dʒetimiʃ
setenta e um	жетимиш бир	dʒetimiʃ bir
setenta e dois	жетимиш эки	dʒetimiʃ eki
setenta e três	жетимиш үч	dʒetimiʃ ytʃ

oitenta	сексен	seksen
oitenta e um	сексен бир	seksen bir
oitenta e dois	сексен эки	seksen eki
oitenta e três	сексен үч	seksen ytʃ

noventa	токсон	tokson
noventa e um	токсон бир	tokson bir
noventa e dois	токсон эки	tokson eki
noventa e três	токсон үч	tokson ytʃ

8. Números cardinais. Parte 2

cem	бир жүз	bir dʒyz
duzentos	эки жүз	eki dʒyz
trezentos	үч жүз	ytʃ dʒyz
quatrocentos	төрт жүз	tørt dʒyz
quinhentos	беш жүз	beʃ dʒyz

seiscentos	алты жүз	altı dʒyz
setecentos	жети жүз	dʒeti dʒyz
oitocentos	сегиз жүз	segiz dʒyz
novecentos	тогуз жүз	toguz dʒyz

mil	бир миң	bir miŋ
dois mil	эки миң	eki miŋ
três mil	үч миң	ytʃ miŋ
dez mil	он миң	on miŋ
cem mil	жүз миң	dʒyz miŋ
um milhão	миллион	million
um bilhão	миллиард	milliard

9. Números ordinais

primeiro (adj)	биринчи	birintʃi
segundo (adj)	экинчи	ekintʃi
terceiro (adj)	үчүнчү	ytʃyntʃy
quarto (adj)	төртүнчү	tørtyntʃy
quinto (adj)	бешинчи	beʃintʃi

sexto (adj)	алтынчы	altıntʃı
sétimo (adj)	жетинчи	dʒetintʃi
oitavo (adj)	сегизинчи	segizintʃi
nono (adj)	тогузунчу	toguzuntʃu
décimo (adj)	онунчу	onuntʃu

CORES. UNIDADES DE MEDIDA

10. Cores

cor (f)	түс	tys
tom (m)	кошумча түс	koʃumʧa tys
tonalidade (m)	кубулуу	kubuluu
arco-íris (m)	күндүн кулагы	kyndyn kulagı
branco (adj)	ак	ak
preto (adj)	кара	kara
cinza (adj)	боз	boz
verde (adj)	жашыл	ʤaʃıl
amarelo (adj)	сары	sarı
vermelho (adj)	кызыл	kızıl
azul (adj)	көк	køk
azul claro (adj)	көгүлтүр	køgyltyr
rosa (adj)	мала	mala
laranja (adj)	кызгылт сары	kızgılt sarı
violeta (adj)	сыя көк	sıja køk
marrom (adj)	күрөң	kyrøŋ
dourado (adj)	алтын түстүү	altın tystyy
prateado (adj)	күмүш өңдүү	kymyʃ øŋdyy
bege (adj)	сары боз	sarı boz
creme (adj)	саргылт	sargılt
turquesa (adj)	бирюза	birʉza
vermelho cereja (adj)	кочкул кызыл	koʧkul kızıl
lilás (adj)	кызгылт көгүш	kızgılt køgyʃ
carmim (adj)	ачык кызыл	atʃık kızıl
claro (adj)	ачык	atʃık
escuro (adj)	күңүрт	kyŋyrt
vivo (adj)	ачык	atʃık
de cor	түстүү	tystyy
a cores	түстүү	tystyy
preto e branco (adj)	ак-кара	ak-kara
unicolor (de uma só cor)	бир өңчөй түстө	bir øŋʧøj tystø
multicolor (adj)	ар түрдүү түстө	ar tyrdyy tystø

11. Unidades de medida

peso (m)	салмак	salmak
comprimento (m)	узундук	uzunduk

largura (f)	жазылык	dʒazılık
altura (f)	бийиктик	bijiktik
profundidade (f)	терендик	terendik
volume (m)	көлөм	køløm
área (f)	аянт	ajant

grama (m)	грамм	gramm
miligrama (m)	миллиграмм	milligramm
quilograma (m)	килограмм	kilogramm
tonelada (f)	тонна	tonna
libra (453,6 gramas)	фунт	funt
onça (f)	унция	untsija

metro (m)	метр	metr
milímetro (m)	миллиметр	millimetr
centímetro (m)	сантиметр	santimetr
quilômetro (m)	километр	kilometr
milha (f)	миля	milʲa

polegada (f)	дюйм	dɥjm
pé (304,74 mm)	фут	fut
jarda (914,383 mm)	ярд	jard

| metro (m) quadrado | квадраттык метр | kvadrattık metr |
| hectare (m) | гектар | gektar |

litro (m)	литр	litr
grau (m)	градус	gradus
volt (m)	вольт	volʲt
ampère (m)	ампер	amper
cavalo (m) de potência	ат күчү	at kytʃy

quantidade (f)	саны	sanı
um pouco de ...	... бир аз	... bir az
metade (f)	жарым	dʒarım
dúzia (f)	он эки даана	on eki daana
peça (f)	даана	daana

| tamanho (m), dimensão (f) | чоңдук | tʃoŋduk |
| escala (f) | өлчөмчен | øltʃømtʃen |

mínimo (adj)	минималдуу	minimalduu
menor, mais pequeno	эң кичинекей	eŋ kitʃinekej
médio (adj)	орточо	ortotʃo
máximo (adj)	максималдуу	maksimalduu
maior, mais grande	эң чоң	eŋ tʃoŋ

12. Recipientes

pote (m) de vidro	банка	banka
lata (~ de cerveja)	банка	banka
balde (m)	чака	tʃaka
barril (m)	бочка	botʃka
bacia (~ de plástico)	дагара	dagara

tanque (m)	бак	bak
cantil (m) de bolso	фляжка	flʲadʒka
galão (m) de gasolina	канистра	kanistra
cisterna (f)	цистерна	tsɪsterna

caneca (f)	кружка	krudʒka
xícara (f)	чөйчөк	ʧøjʧøk
pires (m)	табак	tabak
copo (m)	ыстакан	ɪstakan
taça (f) de vinho	бокал	bokal
panela (f)	мискей	miskej

garrafa (f)	бөтөлкө	bøtølkø
gargalo (m)	оозу	oozu

jarra (f)	графин	grafin
jarro (m)	кумура	kumura
recipiente (m)	идиш	idiʃ
pote (m)	карапа	karapa
vaso (m)	ваза	vaza

frasco (~ de perfume)	флакон	flakon
frasquinho (m)	кичине бөтөлкө	kiʧine bøtølkø
tubo (m)	тюбик	tʉbik

saco (ex. ~ de açúcar)	кап	kap
sacola (~ plastica)	пакет	paket
maço (de cigarros, etc.)	пачке	paʧke

caixa (~ de sapatos, etc.)	куту	kutu
caixote (~ de madeira)	үкөк	ykøk
cesto (m)	себет	sebet

VERBOS PRINCIPAIS

13. Os verbos mais importantes. Parte 1

abrir (vt)	ачуу	atʃuu
acabar, terminar (vt)	бүтүрүү	bytyryy
aconselhar (vt)	кеңеш берүү	keŋeʃ beryy
adivinhar (vt)	жандырмагын табуу	dʒandırmagın tabuu
advertir (vt)	эскертүү	eskertyy
ajudar (vt)	жардам берүү	dʒardam beryy
almoçar (vi)	түштөнүү	tyʃtønyy
alugar (~ um apartamento)	батирге алуу	batirge aluu
amar (pessoa)	сүйүү	syjyy
ameaçar (vt)	коркутуу	korkutuu
anotar (escrever)	кагазга түшүрүү	kagazga tyʃyryy
apressar-se (vr)	шашуу	ʃaʃuu
arrepender-se (vr)	өкүнүү	økynyy
assinar (vt)	кол коюу	kol kojuu
brincar (vi)	тамашалоо	tamaʃaloo
brincar, jogar (vi, vt)	ойноо	ojnoo
buscar (vt)	... издөө	... izdøø
caçar (vi)	аңчылык кылуу	aŋtʃılık kıluu
cair (vi)	жыгылуу	dʒıgıluu
cavar (vt)	казуу	kazuu
chamar (~ por socorro)	чакыруу	tʃakıruu
chegar (vi)	келүү	kelyy
chorar (vi)	ыйлоо	ıjloo
começar (vt)	баштоо	baʃtoo
comparar (vt)	салыштыруу	salıʃtıruu
concordar (dizer "sim")	макул болуу	makul boluu
confiar (vt)	ишенүү	iʃenyy
confundir (equivocar-se)	адаштыруу	adaʃtıruu
conhecer (vt)	таануу	taanuu
contar (fazer contas)	саноо	sanoo
contar com ...	... ишенүү	... iʃenyy
continuar (vt)	улантуу	ulantuu
controlar (vt)	башкаруу	baʃkaruu
convidar (vt)	чакыруу	tʃakıruu
correr (vi)	чуркоо	tʃurkoo
criar (vt)	жаратуу	dʒaratuu
custar (vt)	туруу	turuu

14. Os verbos mais importantes. Parte 2

dar (vt)	берүү	beryy
dar uma dica	четин чыгаруу	tʃetin tʃıgaruu
decorar (enfeitar)	кооздоо	koozdoo
defender (vt)	коргоо	korgoo
deixar cair (vt)	түшүрүп алуу	tyʃyryp aluu
descer (para baixo)	ылдый түшүү	ıldıj tyʃyy
desculpar (vt)	кечирүү	ketʃiryy
desculpar-se (vr)	кечирим суроо	ketʃirim suroo
dirigir (~ uma empresa)	башкаруу	baʃkaruu
discutir (notícias, etc.)	талкуулоо	talkuuloo
disparar, atirar (vi)	атуу	atuu
dizer (vt)	айтуу	ajtuu
duvidar (vt)	күмөн саноо	kymøn sanoo
encontrar (achar)	таап алуу	taap aluu
enganar (vt)	алдоо	aldoo
entender (vt)	түшүнүү	tyʃynyy
entrar (na sala, etc.)	кирүү	kiryy
enviar (uma carta)	жөнөтүү	dʒønøtyy
errar (enganar-se)	ката кетирүү	kata ketiryy
escolher (vt)	тандоо	tandoo
esconder (vt)	жашыруу	dʒaʃiruu
escrever (vt)	жазуу	dʒazuu
esperar (aguardar)	күтүү	kytyy
esperar (ter esperança)	үмүттөнүү	ymyttønyy
esquecer (vt)	унутуу	unutuu
estudar (vt)	окуу	okuu
exigir (vt)	талап кылуу	talap kıluu
existir (vi)	чыгуу	tʃıguu
explicar (vt)	түшүндүрүү	tyʃyndyryy
falar (vi)	сүйлөө	syjløø
faltar (a la escuela, etc.)	калтыруу	kaltıruu
fazer (vt)	кылуу	kıluu
ficar em silêncio	унчукпоо	untʃukpoo
gabar-se (vr)	мактануу	maktanuu
gostar (apreciar)	жактыруу	dʒaktıruu
gritar (vi)	кыйкыруу	kıjkıruu
guardar (fotos, etc.)	сактоо	saktoo
informar (vt)	маалымат берүү	maalımat beryy
insistir (vi)	көшөрүү	køʃøryy
insultar (vt)	кемсинтүү	kemsintyy
interessar-se (vr)	… кызыгуу	… kızıguu
ir (a pé)	жөө басуу	dʒøø basuu
ir nadar	сууга түшүү	suuga tyʃyy
jantar (vi)	кечки тамакты ичүү	ketʃki tamaktı itʃyy

15. Os verbos mais importantes. Parte 3

ler (vt)	окуу	okuu
libertar, liberar (vt)	бошотуу	boʃotuu
matar (vt)	өлтүрүү	øltyryy
mencionar (vt)	айтып өтүү	ajtıp øtyy
mostrar (vt)	көрсөтүү	kørsøtyy
mudar (modificar)	өзгөртүү	øzgørtyy
nadar (vi)	сүзүү	syzyy
negar-se a ... (vr)	баш тартуу	baʃ tartuu
objetar (vt)	каршы болуу	karʃı boluu
observar (vt)	байкоо салуу	bajkoo
ordenar (mil.)	буйрук кылуу	bujruk kıluu
ouvir (vt)	угуу	uguu
pagar (vt)	төлөө	tøløø
parar (vi)	токтоо	toktoo
parar, cessar (vt)	токтотуу	toktotuu
participar (vi)	катышуу	katıʃuu
pedir (comida, etc.)	буйрутма кылуу	bujrutma kıluu
pedir (um favor, etc.)	суроо	suroo
pegar (tomar)	алуу	aluu
pegar (uma bola)	кармоо	karmoo
pensar (vi, vt)	ойлоо	ojloo
perceber (ver)	байкоо	bajkoo
perdoar (vt)	кечирүү	ketʃiryy
perguntar (vt)	суроо	suroo
permitir (vt)	уруксат берүү	uruksat beryy
pertencer a ... (vi)	таандык болуу	taandık boluu
planejar (vt)	пландаштыруу	plandaʃtıruu
poder (~ fazer algo)	жасай алуу	dʒasaj aluu
possuir (uma casa, etc.)	ээ болуу	ee boluu
preferir (vt)	артык көрүү	artık køryy
preparar (vt)	тамак бышыруу	tamak bıʃıruu
prever (vt)	күтүү	kytyy
prometer (vt)	убада берүү	ubada beryy
pronunciar (vt)	айтуу	ajtuu
propor (vt)	сунуштоо	sunuʃtoo
punir (castigar)	жазалоо	dʒazaloo
quebrar (vt)	сындыруу	sındıruu
queixar-se de ...	арыздануу	arızdanuu
querer (desejar)	каалоо	kaaloo

16. Os verbos mais importantes. Parte 4

ralhar, repreender (vt)	урушуу	uruʃuu
recomendar (vt)	сунуштоо	sunuʃtoo

repetir (dizer outra vez)	кайталоо	kajtaloo
reservar (~ um quarto)	камдык буйрутмалоо	kamdık bujrutmaloo
responder (vt)	жооп берүү	dʒoop beryy

rezar, orar (vi)	дуба кылуу	duba kıluu
rir (vi)	күлүү	kylyy
roubar (vt)	уурдоо	uurdoo
saber (vt)	билүү	bilyy
sair (~ de casa)	чыгуу	tʃıguu

salvar (resgatar)	куткаруу	kutkaruu
seguir (~ alguém)	... ээрчүү	... eertʃyy
sentar-se (vr)	отуруу	oturuu
ser necessário	керек болуу	kerek boluu

ser, estar	болуу	boluu
significar (vt)	билдирүү	bildiryy
sorrir (vi)	жылмаюу	dʒılmadʒʉu
subestimar (vt)	баалабоо	baalaboo
surpreender-se (vr)	таң калуу	taŋ kaluu

tentar (~ fazer)	аракет кылуу	araket kıluu
ter (vt)	бар болуу	bar boluu
ter fome	ачка болуу	atʃka boluu

ter medo	жазкануу	dʒazkanuu
ter sede	суусап калуу	suusap kaluu
tocar (com as mãos)	тийүү	tijyy
tomar café da manhã	эртең менен тамактануу	erteŋ menen tamaktanuu
trabalhar (vi)	иштөө	iʃtøø
traduzir (vt)	которуу	kotoruu

unir (vt)	бириктирүү	biriktiryy
vender (vt)	сатуу	satuu
ver (vt)	көрүү	køryy
virar (~ para a direita)	бурулуу	buruluu
voar (vi)	учуу	utʃuu

TEMPO. CALENDÁRIO

17. Dias da semana

segunda-feira (f)	дүйшөмбү	dyjʃømby
terça-feira (f)	шейшемби	ʃejʃembi
quarta-feira (f)	шаршемби	ʃarʃembi
quinta-feira (f)	бейшемби	bejʃembi
sexta-feira (f)	жума	dʒuma
sábado (m)	ишенби	iʃenbi
domingo (m)	жекшемби	dʒekʃembi

hoje	бүгүн	bygyn
amanhã	эртең	erteŋ
depois de amanhã	бирсүгүнү	birsygyny
ontem	кечээ	ketʃee
anteontem	мурда күнү	murda kyny

dia (m)	күн	kyn
dia (m) de trabalho	иш күнү	iʃ kyny
feriado (m)	майрам күнү	majram kyny
dia (m) de folga	дем алыш күн	dem alıʃ kyn
fim (m) de semana	дем алыш күндөр	dem alıʃ kyndør

o dia todo	күнү бою	kyny bojʉ
no dia seguinte	кийинки күнү	kijinki kyny
há dois dias	эки күн мурун	eki kyn murun
na véspera	жакында	dʒakında
diário (adj)	күндө	kyndø
todos os dias	күн сайын	kyn sajın

semana (f)	жума	dʒuma
na semana passada	өткөн жумада	øtkøn dʒumada
semana que vem	келаткан жумада	kelatkan dʒumada
semanal (adj)	жума сайын	dʒuma sajın
toda semana	жума сайын	dʒuma sajın
duas vezes por semana	жумасына эки жолу	dʒumasına eki dʒolu
toda terça-feira	ар шейшемби	ar ʃejʃembi

18. Horas. Dia e noite

manhã (f)	таң	taŋ
de manhã	эртең менен	erteŋ menen
meio-dia (m)	жарым күн	dʒarım kyn
à tarde	түштөн кийин	tyʃtøn kijin

tardinha (f)	кеч	ketʃ
à tardinha	кечинде	ketʃinde

noite (f)	түн	tyn
à noite	түндө	tyndø
meia-noite (f)	жарым түн	dʒarım tyn

segundo (m)	секунда	sekunda
minuto (m)	мүнөт	mynøt
hora (f)	саат	saat
meia hora (f)	жарым саат	dʒarım saat
quarto (m) de hora	чейрек саат	tʃejrek saat
quinze minutos	он беш мүнөт	on beʃ mynøt
vinte e quatro horas	сутка	sutka

nascer (m) do sol	күндүн чыгышы	kyndyn tʃıgıʃı
amanhecer (m)	таң агаруу	taŋ agaruu
madrugada (f)	таң эрте	taŋ erte
pôr-do-sol (m)	күн батуу	kyn batuu

de madrugada	таң эрте	taŋ erte
esta manhã	бүгүн эртең менен	bygyn erteŋ menen
amanhã de manhã	эртең эртең менен	erteŋ erteŋ menen

esta tarde	күндүзү	kyndyzy
à tarde	түштөн кийин	tyʃtøn kijin
amanhã à tarde	эртең түштөн кийин	erteŋ tyʃtøn kijin

| esta noite, hoje à noite | бүгүн кечинде | bygyn ketʃinde |
| amanhã à noite | эртең кечинде | erteŋ ketʃinde |

às três horas em ponto	туура саат үчтө	tuura saat ytʃtø
por volta das quatro	болжол менен төрт саат	boldʒol menen tørt saat
às doze	саат он экиде	saat on ekide

em vinte minutos	жыйырма мүнөттөн кийин	dʒıjırma mynøttøn kijin
em uma hora	бир сааттан кийин	bir saattan kijin
a tempo	өз убагында	øz ubagında

... um quarto para	... он беш мүнөт калды	... on beʃ mynøt kaldı
dentro de uma hora	бир сааттын ичинде	bir saattın itʃinde
a cada quinze minutos	он беш мүнөт сайын	on beʃ mynøt sajın
as vinte e quatro horas	бир сутка бою	bir sutka boju

19. Meses. Estações

janeiro (m)	январь	janvarı
fevereiro (m)	февраль	fevralı
março (m)	март	mart
abril (m)	апрель	aprelı
maio (m)	май	maj
junho (m)	июнь	ijunı

julho (m)	июль	ijulı
agosto (m)	август	avgust
setembro (m)	сентябрь	sentʲabrı
outubro (m)	октябрь	oktʲabrı

| novembro (m) | ноябрь | nojabrʲ |
| dezembro (m) | декабрь | dekabrʲ |

primavera (f)	жаз	dʒaz
na primavera	жазында	dʒazında
primaveril (adj)	жазгы	dʒazgı

verão (m)	жай	dʒaj
no verão	жайында	dʒajında
de verão	жайкы	dʒajkı

outono (m)	күз	kyz
no outono	күзүндө	kyzyndø
outonal (adj)	күздүк	kyzdyk

inverno (m)	кыш	kıʃ
no inverno	кышында	kıʃında
de inverno	кышкы	kıʃkı

mês (m)	ай	aj
este mês	ушул айда	uʃul ajda
mês que vem	кийинки айда	kijinki ajda
no mês passado	өткөн айда	øtkøn ajda

um mês atrás	бир ай мурун	bir aj murun
em um mês	бир айдан кийин	bir ajdan kijin
em dois meses	эки айдан кийин	eki ajdan kijin
todo o mês	ай бою	aj bojʉ
um mês inteiro	толук бир ай	toluk bir aj

mensal (adj)	ай сайын	aj sajın
mensalmente	ай сайын	aj sajın
todo mês	ар бир айда	ar bir ajda
duas vezes por mês	айына эки жолу	ajına eki dʒolu

ano (m)	жыл	dʒıl
este ano	бул жылы	bul dʒılı
ano que vem	келаткан жылы	kelatkan dʒılı
no ano passado	өткөн жылы	øtkøn dʒılı

há um ano	бир жыл мурун	bir dʒıl murun
em um ano	бир жылдан кийин	bir dʒıldan kijin
dentro de dois anos	эки жылдан кийин	eki dʒıldan kijin
todo o ano	жыл бою	dʒıl bodʒʉ
um ano inteiro	толук бир жыл	toluk bir dʒıl

cada ano	ар жыл сайын	ar dʒıl sajın
anual (adj)	жыл сайын	dʒıl sajın
anualmente	жыл сайын	dʒıl sajın
quatro vezes por ano	жылына төрт жолу	dʒılına tørt dʒolu

data (~ de hoje)	число	tʃislo
data (ex. ~ de nascimento)	күн	kyn
calendário (m)	календарь	kalendarʲ
meio ano	жарым жыл	dʒarım dʒıl
seis meses	жарым чейрек	dʒarım tʃejrek

| estação (f) | мезгил | mezgil |
| século (m) | кылым | kılım |

VIAGENS. HOTEL

20. Viagens

turismo (m)	туризм	turizm
turista (m)	турист	turist
viagem (f)	саякат	sajakat
aventura (f)	укмуштуу окуя	ukmuʃtuu okuja
percurso (curta viagem)	сапар	sapar
férias (f pl)	дем алыш	dem alıʃ
estar de férias	дем алышка чыгуу	dem alıʃka tʃıguu
descanso (m)	эс алуу	es aluu
trem (m)	поезд	poezd
de trem (chegar ~)	поезд менен	poezd menen
avião (m)	учак	utʃak
de avião	учакта	utʃakta
de carro	автомобилде	avtomobilde
de navio	кемеде	kemede
bagagem (f)	жүк	dʒyk
mala (f)	чемодан	tʃemodan
carrinho (m)	араба	araba
passaporte (m)	паспорт	pasport
visto (m)	виза	viza
passagem (f)	билет	bilet
passagem (f) aérea	авиабилет	aviabilet
guia (m) de viagem	жол көрсөткүч	dʒol kørsøtkytʃ
mapa (m)	карта	karta
área (f)	жай	dʒaj
lugar (m)	жер	dʒer
exotismo (m)	экзотика	ekzotika
exótico (adj)	экзотикалуу	ekzotikaluu
surpreendente (adj)	ажайып	adʒajıp
grupo (m)	топ	top
excursão (f)	экскурсия	ekskursija
guia (m)	экскурсия жетекчиси	ekskursija dʒetektʃisi

21. Hotel

hotel (m), hospedaria (f)	мейманкана	mejmankana
motel (m)	мотель	moteli
três estrelas	үч жылдыздуу	ytʃ dʒıldızduu

| cinco estrelas | беш жылдыздуу | beʃ dʒɪldɪzduu |
| ficar (vi, vt) | токтоо | toktoo |

quarto (m)	номер	nomer
quarto (m) individual	бир орундуу	bir orunduu
quarto (m) duplo	эки орундуу	eki orunduu
reservar um quarto	номерди камдык буйрутмалоо	nomerdi kamdık bujrutmaloo

| meia pensão (f) | жарым пансион | dʒarım pansion |
| pensão (f) completa | толук пансион | toluk pansion |

com banheira	ваннасы менен	vannası menen
com chuveiro	душ менен	duʃ menen
televisão (m) por satélite	спутник	sputnik
ar (m) condicionado	аба желдеткич	aba dʒeldetkiʧ
toalha (f)	сүлгү	sylgy
chave (f)	ачкыч	atʃkıʧ

administrador (m)	администратор	administrator
camareira (f)	үй кызматкери	yj kızmatkeri
bagageiro (m)	жүк ташуучу	dʒyk taʃuuʧu
porteiro (m)	эшик ачуучу	eʃik atʃuuʧu

restaurante (m)	ресторан	restoran
bar (m)	бар	bar
café (m) da manhã	таңкы тамак	taŋkı tamak
jantar (m)	кечки тамак	ketʃki tamak
bufê (m)	шведче стол	ʃvedtʃe stol

| saguão (m) | вестибюль | vestibulʲ |
| elevador (m) | лифт | lift |

| NÃO PERTURBE | ТЫНЧЫБЫЗДЫ АЛБАГЫЛА! | tıntʃıbızdı albagıla! |
| PROIBIDO FUMAR! | ТАМЕКИ ЧЕГҮҮГӨ БОЛБОЙТ! | tameki ʧegyygø bolbojt! |

22. Turismo

monumento (m)	эстелик	estelik
fortaleza (f)	чеп	ʧep
palácio (m)	сарай	saraj
castelo (m)	сепил	sepil
torre (f)	мунара	munara
mausoléu (m)	күмбөз	kymbøz

arquitetura (f)	архитектура	arχitektura
medieval (adj)	орто кылымдык	orto kılımdık
antigo (adj)	байыркы	bajırkı
nacional (adj)	улуттук	uluttuk
famoso, conhecido (adj)	таанымал	taanımal
turista (m)	турист	turist
guia (pessoa)	гид	gid

excursão (f)	экскурсия	ekskursija
mostrar (vt)	көрсөтүү	kørsøtyy
contar (vt)	айтып берүү	ajtıp beryy

encontrar (vt)	табуу	tabuu
perder-se (vr)	адашып кетүү	adaʃıp ketyy
mapa (~ do metrô)	схема	sχema
mapa (~ da cidade)	план	plan

lembrança (f), presente (m)	асембелек	asembelek
loja (f) de presentes	асембелек дүкөнү	asembelek dykøny
tirar fotos, fotografar	сүрөткө тартуу	syrøtkø tartuu
fotografar-se (vr)	сүрөткө түшүү	syrøtkø tyʃyy

TRANSPORTES

23. Aeroporto

aeroporto (m)	аэропорт	aeroport
avião (m)	учак	utʃak
companhia (f) aérea	авиакомпания	aviakompanija
controlador (m) de tráfego aéreo	авиадиспетчер	aviadispettʃer

partida (f)	учуп кетүү	utʃup ketyy
chegada (f)	учуп келүү	utʃup kelyy
chegar (vi)	учуп келүү	utʃup kelyy

hora (f) de partida	учуп кетүү убактысы	utʃup ketyy ubaktısı
hora (f) de chegada	учуп келүү убактысы	utʃup kelyy ubaktısı

estar atrasado	кармалуу	karmaluu
atraso (m) de voo	учуп кетүүнүн кечигиши	utʃup ketyynyn ketʃigiʃi

painel (m) de informação	маалымат таблосу	maalımat tablosu
informação (f)	маалымат	maalımat
anunciar (vt)	кулактандыруу	kulaktandıruu
voo (m)	рейс	rejs

alfândega (f)	бажыкана	badʒıkana
funcionário (m) da alfândega	бажы кызматкери	badʒı kızmatkeri

declaração (f) alfandegária	бажы декларациясы	badʒı deklaratsijası
preencher (vt)	толтуруу	tolturuu
preencher a declaração	декларация толтуруу	deklaratsija tolturuu
controle (m) de passaporte	паспорт текшерүү	pasport tekʃeryy

bagagem (f)	жүк	dʒyk
bagagem (f) de mão	кол жүгү	kol dʒygy
carrinho (m)	араба	araba

pouso (m)	конуу	konuu
pista (f) de pouso	конуу тилкеси	konuu tilkesi
aterrissar (vi)	конуу	konuu
escada (f) de avião	трап	trap

check-in (m)	катталуу	kattaluu
balcão (m) do check-in	каттоо стойкасы	kattoo stojkası
fazer o check-in	катталуу	kattaluu
cartão (m) de embarque	отуруу үчүн талон	oturuu ytʃyn talon
portão (m) de embarque	чыгуу	tʃıguu

trânsito (m)	транзит	tranzit
esperar (vi, vt)	күтүү	kytyy

sala (f) de espera	кутүү залы	kutyy zalı
despedir-se (acompanhar)	узатуу	uzatuu
despedir-se (dizer adeus)	коштошуу	koʃtoʃuu

24. Avião

avião (m)	учак	utʃak
passagem (f) aérea	авиабилет	aviabilet
companhia (f) aérea	авиакомпания	aviakompanija
aeroporto (m)	аэропорт	aeroport
supersônico (adj)	сверхзвуковой	sverҳzvukovoj

comandante (m) do avião	кеме командири	keme komandiri
tripulação (f)	экипаж	ekipadʒ
piloto (m)	учкуч	utʃkutʃ
aeromoça (f)	стюардесса	stuardessa
copiloto (m)	штурман	ʃturman

asas (f pl)	канаттар	kanattar
cauda (f)	куйрук	kujruk
cabine (f)	кабина	kabina
motor (m)	кыймылдаткыч	kıjmıldatkıtʃ

trem (m) de pouso	шасси	ʃassi
turbina (f)	турбина	turbina

hélice (f)	пропеллер	propeller
caixa-preta (f)	кара куту	kara kutu

coluna (f) de controle	штурвал	ʃturval
combustível (m)	күйгүчү май	kyjyytʃy may

instruções (f pl) de segurança	коопсуздук көрсөтмөсү	koopsuzduk kørsøtmøsy
máscara (f) de oxigênio	кислород чумбөтү	kislorod tʃymbøty
uniforme (m)	бир беткей кийим	bir betkey kijim

colete (m) salva-vidas	куткаруучу күрмө	kutkaruutʃu kyrmø
paraquedas (m)	парашют	paraʃut

decolagem (f)	учуп көтөрүлүү	utʃup køtørylyy
descolar (vi)	учуп көтөрүлүү	utʃup køtørylyy
pista (f) de decolagem	учуп чыгуу тилкеси	utʃup tʃıguu tilkesi

visibilidade (f)	көрүнүш	kørynyʃ
voo (m)	учуу	utʃuu

altura (f)	бийиктик	bijiktik
poço (m) de ar	аба чуңкуру	aba tʃyŋkuru

assento (m)	орун	orun
fone (m) de ouvido	кулакчын	kulaktʃın
mesa (f) retrátil	бүктөлмө стол	byktølmø stol
janela (f)	иллюминатор	illuminator
corredor (m)	өтмөк	øtmøk

25. Comboio

trem (m)	поезд	poezd
trem (m) elétrico	электричка	elektriʧka
trem (m)	бат жүрүүчү поезд	bat dʒyryyʧy poezd
locomotiva (f) diesel	тепловоз	teplovoz
locomotiva (f) a vapor	паровоз	parovoz
vagão (f) de passageiros	вагон	vagon
vagão-restaurante (m)	вагон-ресторан	vagon-restoran
carris (m pl)	рельсалар	relʲsalar
estrada (f) de ferro	темир жолу	temir dʒolu
travessa (f)	шпала	ʃpala
plataforma (f)	платформа	platforma
linha (f)	жол	dʒol
semáforo (m)	семафор	semafor
estação (f)	бекет	beket
maquinista (m)	машинист	maʃinist
bagageiro (m)	жук ташуучу	dʒuk taʃuuʧu
hospedeiro, -a (m, f)	проводник	provodnik
passageiro (m)	жүргүнчү	dʒyrgynʧy
revisor (m)	текшерүүчү	tekʃeryyʧy
corredor (m)	коридор	koridor
freio (m) de emergência	стоп-кран	stop-kran
compartimento (m)	купе	kupe
cama (f)	текче	tekʧe
cama (f) de cima	үстүңкү текче	ystyŋky tekʧe
cama (f) de baixo	ылдыйкы текче	ıldıjkı tekʧe
roupa (f) de cama	жууркан-төшөк	dʒuurkan-tøʃøk
passagem (f)	билет	bilet
horário (m)	ырааттама	ıraattama
painel (m) de informação	табло	tablo
partir (vt)	женее	dʒønøø
partida (f)	женее	dʒønøø
chegar (vi)	келүү	kelyy
chegada (f)	келүү	kelyy
chegar de trem	поезд менен келүү	poezd menen kelyy
pegar o trem	поездге отуруу	poezdge oturuu
descer de trem	поездден түшүү	poezdden tyʃyy
acidente (m) ferroviário	кыйроо	kıjroo
descarrilar (vi)	рельсадан чыгып кетүү	relʲsadan ʧıgıp ketyy
locomotiva (f) a vapor	паровоз	parovoz
foguista (m)	от жагуучу	ot dʒaguuʧu
fornalha (f)	меш	meʃ
carvão (m)	көмүр	kømyr

26. Barco

navio (m)	кеме	keme
embarcação (f)	кеме	keme
barco (m) a vapor	пароход	paroҳod
barco (m) fluvial	теплоход	teploҳod
transatlântico (m)	лайнер	lajner
cruzeiro (m)	крейсер	krejser
iate (m)	яхта	jaҳta
rebocador (m)	буксир	buksir
barcaça (f)	баржа	bardʒa
ferry (m)	паром	parom
veleiro (m)	парус	parus
bergantim (m)	бригантина	brigantina
quebra-gelo (m)	муз жаргыч кеме	muz dʒargıtʃ keme
submarino (m)	суу астында жүргүүчү кеме	suu astında dʒyryytʃy keme
bote, barco (m)	кайык	kajık
baleeira (bote salva-vidas)	шлюпка	ʃɯpka
bote (m) salva-vidas	куткаруу шлюпкасы	kutkaruu ʃɯpkası
lancha (f)	катер	kater
capitão (m)	капитан	kapitan
marinheiro (m)	матрос	matros
marujo (m)	деңизчи	deŋiztʃi
tripulação (f)	экипаж	ekipadʒ
contramestre (m)	боцман	botsman
grumete (m)	юнга	jɯnga
cozinheiro (m) de bordo	кок	kok
médico (m) de bordo	кеме доктуру	keme dokturu
convés (m)	палуба	paluba
mastro (m)	мачта	matʃta
vela (f)	парус	parus
porão (m)	трюм	trɯm
proa (f)	тумшук	tumʃuk
popa (f)	кеменин арткы бөлүгү	kemenin artkı bølygy
remo (m)	калак	kalak
hélice (f)	винт	vint
cabine (m)	каюта	kajɯta
sala (f) dos oficiais	кают-компания	kajɯt-kompanija
sala (f) das máquinas	машина бөлүгү	maʃina bølygy
ponte (m) de comando	капитан мостиги	kapitan mostigi
sala (f) de comunicações	радиорубка	radiorubka
onda (f)	толкун	tolkun
diário (m) de bordo	кеме журналы	keme dʒurnalı
luneta (f)	дүрбү	dyrby

sino (m)	коңгуроо	koŋguroo
bandeira (f)	байрак	bajrak
cabo (m)	аркан	arkan
nó (m)	түйүн	tyjyn
corrimão (m)	туткуч	tutkuʧ
prancha (f) de embarque	трап	trap
âncora (f)	кеме казык	keme kazık
recolher a âncora	кеме казыкты көтөрүү	keme kazıktı køtøryy
jogar a âncora	кеме казыкты таштоо	keme kazıktı taʃtoo
amarra (corrente de âncora)	казык чынжыры	kazık ʧınʤırı
porto (m)	порт	port
cais, amarradouro (m)	причал	pritʃal
atracar (vi)	келип токтоо	kelip toktoo
desatracar (vi)	жээктен алыстоо	ʤeekten alıstoo
viagem (f)	саякат	sajakat
cruzeiro (m)	деңиз саякаты	deŋiz sajakatı
rumo (m)	курс	kurs
itinerário (m)	каттам	kattam
canal (m) de navegação	фарватер	farvater
banco (m) de areia	тайыз жер	tajız ʤer
encalhar (vt)	тайыз жерге отуруу	tajız ʤerge oturuu
tempestade (f)	бороон чапкын	boroon ʧapkın
sinal (m)	сигнал	signal
afundar-se (vr)	чөгүү	ʧøgyy
Homem ao mar!	Сууда адам бар!	suuda adam bar!
SOS	SOS	sos
boia (f) salva-vidas	куткаруучу тегерек	kutkaruuʧu tegerek

CIDADE

27. Transportes urbanos

ônibus (m)	автобус	avtobus
bonde (m) elétrico	трамвай	tramvaj
trólebus (m)	троллейбус	trollejbus
rota (f), itinerário (m)	каттам	kattam
número (m)	номер	nomer
ir de ... (carro, etc.)	... жүрүү	... dʒyryy
entrar no ...	... отуруу	... oturuu
descer do ...	... түшүп калуу	... tyʃyp kaluu
parada (f)	аялдама	ajaldama
próxima parada (f)	кийинки аялдама	kijinki ajaldama
terminal (m)	акыркы аялдама	akırkı ajaldama
horário (m)	ырааттама	ıraattama
esperar (vt)	күтүү	kytyy
passagem (f)	билет	bilet
tarifa (f)	билеттин баасы	bilettin baası
bilheteiro (m)	кассир	kassir
controle (m) de passagens	текшерүү	tekʃeryy
revisor (m)	текшерүүчү	tekʃeryytʃy
atrasar-se (vr)	кечигүү	ketʃigyy
perder (o autocarro, etc.)	кечигип калуу	ketʃigip kaluu
estar com pressa	шашуу	ʃaʃuu
táxi (m)	такси	taksi
taxista (m)	такси айдоочу	taksi ajdootʃu
de táxi (ir ~)	таксиде	takside
ponto (m) de táxis	такси токтоочу жай	taksi toktootʃu dʒaj
chamar um táxi	такси чакыруу	taksi tʃakıruu
pegar um táxi	такси кармоо	taksi karmoo
tráfego (m)	көчө кыймылы	køtʃø kıjmılı
engarrafamento (m)	тыгын	tıgın
horas (f pl) de pico	кызуу маал	kızuu maal
estacionar (vi)	токтоуу	toktotuu
estacionar (vt)	машинаны жайлаштыруу	maʃinanı dʒajlaʃtıruu
parque (m) de estacionamento	унаа токтоочу жай	unaa toktootʃu dʒaj
metrô (m)	метро	metro
estação (f)	бекет	beket
ir de metrô	метродо жүрүү	metrodo dʒyryy
trem (m)	поезд	poezd
estação (f) de trem	вокзал	vokzal

28. Cidade. Vida na cidade

cidade (f)	шаар	ʃaar
capital (f)	борбор	borbor
aldeia (f)	кыштак	kıʃtak

mapa (m) da cidade	шаардын планы	ʃaardın planı
centro (m) da cidade	шаардын борбору	ʃaardın borboru
subúrbio (m)	шаардын чет жакасы	ʃaardın ʧet dʒakası
suburbano (adj)	шаардын чет жакасындагы	ʃaardın ʧet dʒakasındagı

periferia (f)	чет-жака	ʧet-dʒaka
arredores (m pl)	чет-жака	ʧet-dʒaka
quarteirão (m)	квартал	kvartal
quarteirão (m) residencial	турак-жай кварталы	turak-dʒaj kvartalı

tráfego (m)	кече кыймылы	køʧø kıjmılı
semáforo (m)	светофор	svetofor
transporte (m) público	шаар транспорту	ʃaar transportu
cruzamento (m)	кесилиш	kesiliʃ

faixa (f)	жее жүрүүчүлөр жолу	dʒøø dʒyryyʧylør dʒolu
túnel (m) subterrâneo	жер астындагы жол	dʒer astındagı dʒol
cruzar, atravessar (vt)	жолду өтүү	dʒoldu øtyy
pedestre (m)	жее жүрүүчү	dʒøø dʒyryyʧy
calçada (f)	жанжол	dʒandʒol

ponte (f)	көпүрө	køpyrø
margem (f) do rio	жээк жол	dʒeek dʒol
fonte (f)	фонтан	fontan

alameda (f)	аллея	alleja
parque (m)	сейил багы	sejil bagı
bulevar (m)	бульвар	bulʲvar
praça (f)	аянт	ajant
avenida (f)	проспект	prospekt
rua (f)	кече	køʧø
travessa (f)	чолок кече	ʧolok køʧø
beco (m) sem saída	туюк кече	tujʉk køʧø

casa (f)	үй	yj
edifício, prédio (m)	имарат	imarat
arranha-céu (m)	көк тиреген көп кабаттуу үй	køk tiregen køp kabattuu yj

fachada (f)	үйдүн алды	yjdyn aldı
telhado (m)	чатыр	ʧatır
janela (f)	терезе	tereze
arco (m)	түркүк	tyrkyk
coluna (f)	мамы	mamı
esquina (f)	бурч	burʧ

vitrine (f)	көрсөтмө айнек үгөк	kørsøtmø ajnek ykøk
letreiro (m)	көрнөк	kørnøk

cartaz (do filme, etc.)	афиша	afiʃa
cartaz (m) publicitário	көрнөк-жарнак	kørnøk-dʒarnak
painel (m) publicitário	жарнамалык такта	dʒarnamalık takta
lixo (m)	таштанды	taʃtandı
lata (f) de lixo	таштанды челек	taʃtandı tʃelek
jogar lixo na rua	таштоо	taʃtoo
aterro (m) sanitário	таштанды үйүлгөн жер	taʃtandı yjylgøn dʒer
orelhão (m)	телефон будкасы	telefon budkası
poste (m) de luz	чырак мамы	tʃırak mamı
banco (m)	отургуч	oturgutʃ
polícia (m)	полиция кызматкери	politsija kızmatkeri
polícia (instituição)	полиция	politsija
mendigo, pedinte (m)	кайырчы	kajırtʃı
desabrigado (m)	селсаяк	selsajak

29. Instituições urbanas

loja (f)	дүкөн	dykøn
drogaria (f)	дарыкана	darıkana
ótica (f)	оптика	optika
centro (m) comercial	соода борбору	sooda borboru
supermercado (m)	супермаркет	supermarket
padaria (f)	нан дүкөнү	nan dykøny
padeiro (m)	навайчы	navajtʃı
pastelaria (f)	кондитердик дүкөн	konditerdik dykøn
mercearia (f)	азык-түлүк	azık-tylyk
açougue (m)	эт дүкөнү	et dykøny
fruteira (f)	жашылча дүкөнү	dʒaʃıltʃa dykøny
mercado (m)	базар	bazar
cafeteria (f)	кофекана	kofekana
restaurante (m)	ресторан	restoran
bar (m)	сыракана	sırakana
pizzaria (f)	пиццерия	pitserija
salão (m) de cabeleireiro	чач тарач	tʃatʃ taratʃ
agência (f) dos correios	почта	potʃta
lavanderia (f)	химиялык тазалоо	ximijalık tazaloo
estúdio (m) fotográfico	фотоателье	fotoatelje
sapataria (f)	бут кийим дүкөнү	but kijim dykøny
livraria (f)	китеп дүкөнү	kitep dykøny
loja (f) de artigos esportivos	спорт буюмдар дүкөнү	sport bujumdar dykøny
costureira (m)	кийим ондоочу жай	kijim ondootʃu dʒaj
aluguel (m) de roupa	кийимди ижарага берүү	kijimdi idʒaraga beryy
videolocadora (f)	тасмаларды ижарага берүү	tasmalardı idʒaraga beryy
circo (m)	цирк	tsırk

jardim (m) zoológico	зоопарк	zoopark
cinema (m)	кинотеатр	kinoteatr
museu (m)	музей	muzej
biblioteca (f)	китепкана	kitepkana

teatro (m)	театр	teatr
ópera (f)	опера	opera
boate (casa noturna)	түнкү клуб	tynky klub
cassino (m)	казино	kazino

mesquita (f)	мечит	metʃit
sinagoga (f)	синагога	sinagoga
catedral (f)	чоң чиркөө	tʃoŋ tʃirkøø
templo (m)	ибадаткана	ibadatkana
igreja (f)	чиркөө	tʃirkøø

faculdade (f)	коллеж	kolledʒ
universidade (f)	университет	universitet
escola (f)	мектеп	mektep

prefeitura (f)	префектура	prefektura
câmara (f) municipal	мэрия	merija
hotel (m)	мейманкана	mejmankana
banco (m)	банк	bank

embaixada (f)	элчилик	eltʃilik
agência (f) de viagens	турагенттиги	turagenttigi
agência (f) de informações	маалымат бюросу	maalımat bʉrosu
casa (f) de câmbio	алмаштыруу пункту	almaʃtıruu punktu

| metrô (m) | метро | metro |
| hospital (m) | оорукана | oorukana |

| posto (m) de gasolina | май куюучу станция | maj kujuutʃu stantsija |
| parque (m) de estacionamento | унаа токтоочу жай | unaa toktootʃu dʒaj |

30. Sinais

letreiro (m)	көрнөк	kørnøk
aviso (m)	жазуу	dʒazuu
cartaz, pôster (m)	көрнөк	kørnøk
placa (f) de direção	көрсөткүч	kørsøtkytʃ
seta (f)	жебе	dʒebe

aviso (advertência)	эскертме	ekertme
sinal (m) de aviso	эскертүү белгиси	eskertyy belgisi
avisar, advertir (vt)	эскертүү	eskertyy

dia (m) de folga	дем алыш күн	dem alıʃ kyn
horário (~ dos trens, etc.)	ырааттама	ıraattama
horário (m)	иш сааттары	iʃ saattarı

| BEM-VINDOS! | КОШ КЕЛИҢИЗДЕР! | koʃ keliŋizder! |
| ENTRADA | КИРҮҮ | kiryy |

SAÍDA	ЧЫГУУ	tʃiguu
EMPURRE	ӨЗҮҢҮЗДӨН ТҮРТҮҢҮЗ	øzyŋyzdøn tyrtyŋyz
PUXE	ӨЗҮҢҮЗГӨ ТАРТЫҢЫЗ	øzyŋyzgø tartıŋız
ABERTO	АЧЫК	atʃik
FECHADO	ЖАБЫК	dʒabık

| MULHER | АЙЫМДАР ҮЧҮН | ajımdar ytʃyn |
| HOMEM | ЭРКЕКТЕР ҮЧҮН | erkekter ytʃyn |

DESCONTOS	АРЗАНДАТУУЛАР	arzandatuular
SALDOS, PROMOÇÃO	САТЫП ТҮГӨТҮҮ	satıp tygøtyy
NOVIDADE!	СААМАЛЫК!	saamalık!
GRÁTIS	БЕКЕР	beker

ATENÇÃO!	КӨҢҮЛ БУРУҢУЗ!	køŋyl buruŋuz!
NÃO HÁ VAGAS	ОРУН ЖОК	orun dʒok
RESERVADO	КАМДЫК	kamdık
	БУЙРУТМАЛАГАН	bujrutmalagan

ADMINISTRAÇÃO	АДМИНИСТРАЦИЯ	administratsija
SOMENTE PESSOAL	ЖААМАТ ҮЧҮН ГАНА	dʒaamat ytʃyn gana
AUTORIZADO		

CUIDADO CÃO FEROZ	КАБАНААК ИТ	kabanaak it
PROIBIDO FUMAR!	ТАМЕКИ ЧЕГҮҮГӨ	tameki tʃegyygø
	БОЛБОЙТ!	bolbojt!
NÃO TOCAR	КОЛУҢАР МЕНЕН	koluŋar menen
	КАРМАБАГЫЛА!	karmabagıla!

PERIGOSO	КООПТУУ	kooptuu
PERIGO	КОРКУНУЧ	korkunutʃ
ALTA TENSÃO	ЖОГОРКУ ЧЫҢАЛУУ	dʒogorku tʃiŋaluu
PROIBIDO NADAR	СУУГА ТҮШҮҮГӨ	suuga tyʃyygø
	БОЛБОЙТ	bolbojt
COM DEFEITO	ИШТЕБЕЙТ	iʃtebejt

INFLAMÁVEL	ӨРТ ЧЫГУУ КОРКУНУЧУ	ørt tʃiguu korkunutʃu
PROIBIDO	ТЫЮУ САЛЫНГАН	tıjuu salıngan
ENTRADA PROIBIDA	ӨТҮҮГӨ БОЛБОЙТ	øtyygø bolbojt
CUIDADO TINTA FRESCA	СЫРДАЛГАН	sırdalgan

31. Compras

comprar (vt)	сатып алуу	satıp aluu
compra (f)	сатып алуу	satıp aluu
fazer compras	сатып алууга чыгуу	satıp aluuga tʃiguu
compras (f pl)	базарчылоо	bazartʃiloo

| estar aberta (loja) | иштөө | iʃtøø |
| estar fechada | жабылуу | dʒabıluu |

calçado (m)	бут кийим	but kijim
roupa (f)	кийим-кече	kijim-ketʃe
cosméticos (m pl)	упа-эндик	upa-endik

| alimentos (m pl) | азык-түлүк | azık-tylyk |
| presente (m) | белек | belek |

| vendedor (m) | сатуучу | satuutʃu |
| vendedora (f) | сатуучу кыз | satuutʃu kız |

caixa (f)	касса	kassa
espelho (m)	күзгү	kyzgy
balcão (m)	прилавок	prilavok
provador (m)	кийим ченөөчү бөлмө	kijim tʃenøøtʃy bølmø

provar (vt)	кийим ченөө	kijim tʃenøø
servir (roupa, caber)	ылайык келүү	ılajık kelyy
gostar (apreciar)	жактыруу	dʒaktıruu

preço (m)	баа	baa
etiqueta (f) de preço	баа	baa
custar (vt)	туруу	turuu
Quanto?	Канча?	kantʃa?
desconto (m)	арзандатуу	arzandatuu

não caro (adj)	кымбат эмес	kımbat emes
barato (adj)	арзан	arzan
caro (adj)	кымбат	kımbat
É caro	Бул кымбат	bul kımbat

aluguel (m)	ижара	idʒara
alugar (roupas, etc.)	ижарага алуу	idʒaraga aluu
crédito (m)	насыя	nasıja
a crédito	насыяга алуу	nasıjaga aluu

VESTUÁRIO & ACESSÓRIOS

32. Roupa exterior. Casacos

roupa (f)	кийим	kijim
roupa (f) exterior	үстүңкү кийим	ystyŋky kijim
roupa (f) de inverno	кышкы кийим	kɪʃkɪ kijim
sobretudo (m)	пальто	palʲto
casaco (m) de pele	тон	ton
jaqueta (f) de pele	чолок тон	t͡ʃolok ton
casaco (m) acolchoado	мамык олпок	mamɪk olpok
casaco (m), jaqueta (f)	күрмө	kyrmø
impermeável (m)	плащ	plaʃt͡ʃ
a prova d'água	суу өткүс	suu øtkys

33. Vestuário de homem & mulher

camisa (f)	көйнөк	køjnøk
calça (f)	шым	ʃɪm
jeans (m)	джинсы	d͡ʒinsɪ
paletó, terno (m)	бешмант	beʃmant
terno (m)	костюм	kostʉm
vestido (ex. ~ de noiva)	көйнөк	køjnøk
saia (f)	юбка	jʉbka
blusa (f)	блузка	bluzka
casaco (m) de malha	кофта	kofta
casaco, blazer (m)	кыска бешмант	kɪska beʃmant
camiseta (f)	футболка	futbolka
short (m)	чолок шым	t͡ʃolok ʃɪm
training (m)	спорт кийими	sport kijimi
roupão (m) de banho	халат	χalat
pijama (m)	пижама	pid͡ʒama
suéter (m)	свитер	sviter
pulôver (m)	пуловер	pulover
colete (m)	жилет	d͡ʒilet
fraque (m)	фрак	frak
smoking (m)	смокинг	smoking
uniforme (m)	форма	forma
roupa (f) de trabalho	жумуш кийим	d͡ʒumuʃ kijim
macacão (m)	комбинезон	kombinezon
jaleco (m), bata (f)	халат	χalat

34. Vestuário. Roupa interior

roupa (f) íntima	ич кийим	itʃ kijim
cueca boxer (f)	эркектер чолок дамбалы	erkekter tʃolok dambalı
calcinha (f)	аялдар трусиги	ajaldar trusigi
camiseta (f)	майка	majka
meias (f pl)	байпак	bajpak
camisola (f)	жатаарда кийүүчү көйнөк	dʒataarda kijyytʃy køjnøk
sutiã (m)	бюстгальтер	bustgalʲter
meias longas (f pl)	гольфы	golʲfı
meias-calças (f pl)	колготки	kolgotki
meias (~ de nylon)	байпак	bajpak
maiô (m)	купальник	kupalʲnik

35. Adereços de cabeça

chapéu (m), touca (f)	топу	topu
chapéu (m) de feltro	шляпа	ʃlʲapa
boné (m) de beisebol	бейсболка	bejsbolka
boina (~ italiana)	кепка	kepka
boina (ex. ~ basca)	берет	beret
capuz (m)	капюшон	kapuʃon
chapéu panamá (m)	панамка	panamka
touca (f)	токулган шапка	tokulgan ʃapka
lenço (m)	жоолук	dʒooluk
chapéu (m) feminino	шляпа	ʃlʲapa
capacete (m) de proteção	каска	kaska
bibico (m)	пилотка	pilotka
capacete (m)	шлем	ʃlem
chapéu-coco (m)	котелок	kotelok
cartola (f)	цилиндр	tsılindr

36. Calçado

calçado (m)	бут кийим	but kijim
botinas (f pl), sapatos (m pl)	ботинка	botinka
sapatos (de salto alto, etc.)	туфли	tufli
botas (f pl)	өтүк	øtyk
pantufas (f pl)	тапочка	tapotʃka
tênis (~ Nike, etc.)	кроссовка	krossovka
tênis (~ Converse)	кеды	kedı
sandálias (f pl)	сандалии	sandalii
sapateiro (m)	өтүкчү	øtyktʃy
salto (m)	така	taka

par (m)	түгөй	tygøj
cadarço (m)	боо	boo
amarrar os cadarços	боолоо	booloo
calçadeira (f)	кашык	kaʃık
graxa (f) para calçado	өтүк май	øtyk maj

37. Acessórios pessoais

luva (f)	колкап	kolkap
mitenes (f pl)	мээлей	meelej
cachecol (m)	моюн орогуч	mojʉn oroguʧ

óculos (m pl)	көз айнек	køz ajnek
armação (f)	алкак	alkak
guarda-chuva (m)	чатырча	ʧatırʧa
bengala (f)	аса таяк	asa tajak
escova (f) para o cabelo	тарак	tarak
leque (m)	желпингич	dʒelpingiʧ

gravata (f)	галстук	galstuk
gravata-borboleta (f)	галстук-бабочка	galstuk-babotʃka
suspensórios (m pl)	шым тарткыч	ʃım tartkıʧ
lenço (m)	бетаарчы	betaarʧı

pente (m)	тарак	tarak
fivela (f) para cabelo	чачсайгы	ʧaʧsajgı
grampo (m)	шпилька	ʃpilʲka
fivela (f)	таралга	taralga

cinto (m)	кайыш кур	kajıʃ kur
alça (f) de ombro	илгич	ilgiʧ

bolsa (f)	колбаштык	kolbaʃtık
bolsa (feminina)	кичине колбаштык	kitʃine kolbaʃtık
mochila (f)	жонбаштык	dʒonbaʃtık

38. Vestuário. Diversos

moda (f)	мода	moda
na moda (adj)	саркеч	sarketʃ
estilista (m)	модельер	modeljer

colarinho (m)	жака	dʒaka
bolso (m)	чөнтөк	ʧøntøk
de bolso	чөнтөк	ʧøntøk
manga (f)	жеҥ	dʒeŋ
ganchinho (m)	илгич	ilgiʧ
bragueta (f)	ширинка	ʃirinka

zíper (m)	молния	molnija
colchete (m)	топчулук	toptʃuluk
botão (m)	топчу	toptʃu

botoeira (casa de botão)	илмек	ilmek
soltar-se (vr)	үзүлүү	yzylyy
costurar (vi)	тигүү	tigyy
bordar (vt)	сайма саюу	sajma sajɯu
bordado (m)	сайма	sajma
agulha (f)	ийне	ijne
fio, linha (f)	жип	dʒip
costura (f)	тигиш	tigiʃ
sujar-se (vr)	булгап алуу	bulgap aluu
mancha (f)	так	tak
amarrotar-se (vr)	бырышып калуу	bırıʃıp kaluu
rasgar (vt)	айрылуу	ajrıluu
traça (f)	күбө	kybø

39. Cuidados pessoais. Cosméticos

pasta (f) de dente	тиш пастасы	tiʃ pastası
escova (f) de dente	тиш щёткасы	tiʃ ʃʧotkası
escovar os dentes	тиш жуу	tiʃ dʒuu
gilete (f)	устара	ustara
creme (m) de barbear	кырынуу үчүн көбүк	kırınuu ytʃyn købyk
barbear-se (vr)	кырынуу	kırınuu
sabonete (m)	самын	samın
xampu (m)	шампунь	ʃampunʲ
tesoura (f)	кайчы	kajʧı
lixa (f) de unhas	тырмак өгөө	tırmak øgøø
corta-unhas (m)	тырмак кычкачы	tırmak kıʧkatʃı
pinça (f)	искек	iskek
cosméticos (m pl)	упа-эндик	upa-endik
máscara (f)	маска	maska
manicure (f)	маникюр	manikɯr
fazer as unhas	маникюр жасоо	manikɯr dʒasoo
pedicure (f)	педикюр	pedikɯr
bolsa (f) de maquiagem	косметичка	kosmetiʧka
pó (de arroz)	упа	upa
pó (m) compacto	упа кутусу	upa kutusu
blush (m)	эндик	endik
perfume (m)	атыр	atır
água-de-colônia (f)	туалет атыр суусу	tualet atır suusu
loção (f)	лосьон	losʲon
colônia (f)	одеколон	odekolon
sombra (f) de olhos	көз боёгу	køz bojogu
delineador (m)	көз карандашы	køz karandaʃı
máscara (f), rímel (m)	кирпик үчүн боек	kirpik ytʃyn boek
batom (m)	эрин помадасы	erin pomadası

esmalte (m)	тырмак үчүн лак	tırmak ytʃyn lak
laquê (m), spray fixador (m)	чач үчүн лак	tʃatʃ ytʃyn lak
desodorante (m)	дезодорант	dezodorant
creme (m)	крем	krem
creme (m) de rosto	бетмай	betmaj
creme (m) de mãos	кол үчүн май	kol ytʃyn maj
creme (m) antirrugas	бырыштарга каршы бет май	bırıʃtarga karʃı bet maj
creme (m) de dia	күндүзгү бет май	kyndyzgy bet maj
creme (m) de noite	түнкү бет май	tynky bet maj
de dia	күндүзгү	kyndyzgy
da noite	түнкү	tynky
absorvente (m) interno	тампон	tampon
papel (m) higiênico	даарат кагазы	daarat kagazı
secador (m) de cabelo	фен	fen

40. Relógios de pulso. Relógios

relógio (m) de pulso	кол саат	kol saat
mostrador (m)	циферблат	tsıferblat
ponteiro (m)	жебе	dʒebe
bracelete (em aço)	браслет	braslet
bracelete (em couro)	кайыш кур	kajıʃ kur
pilha (f)	батарейка	batarejka
acabar (vi)	зарядканын түгөнүүсү	zarʼadkanın tygønyysy
trocar a pilha	батарейка алмаштыруу	batarejka almaʃtıruu
estar adiantado	алдыга кетүү	aldıga ketyy
estar atrasado	калуу	kaluu
relógio (m) de parede	дубалга тагуучу саат	dubalga taguutʃu saat
ampulheta (f)	кум саат	kum saat
relógio (m) de sol	күн саат	kyn saat
despertador (m)	ойготкуч саат	ojgotkutʃ saat
relojoeiro (m)	саат устасы	saat ustası
reparar (vt)	оңдоо	oŋdoo

EXPERIÊNCIA DO QUOTIDIANO

41. Dinheiro

dinheiro (m)	акча	aktʃa
câmbio (m)	алмаштыруу	almaʃtıruu
taxa (f) de câmbio	курс	kurs
caixa (m) eletrônico	банкомат	bankomat
moeda (f)	тыйын	tijın
dólar (m)	доллар	dollar
euro (m)	евро	evro
lira (f)	италиялык лира	italijalık lira
marco (m)	немис маркасы	nemis markası
franco (m)	франк	frank
libra (f) esterlina	фунт стерлинг	funt sterling
iene (m)	йена	jena
dívida (f)	карыз	karız
devedor (m)	карыздар	karızdar
emprestar (vt)	карызга берүү	karızga beryy
pedir emprestado	карызга алуу	karızga aluu
banco (m)	банк	bank
conta (f)	эсеп	esep
depositar (vt)	салуу	saluu
depositar na conta	эсепке акча салуу	esepke aktʃa saluu
sacar (vt)	эсептен акча чыгаруу	esepten aktʃa tʃıgaruu
cartão (m) de crédito	насыя картасы	nasıja kartası
dinheiro (m) vivo	накталай акча	naktalaj aktʃa
cheque (m)	чек	tʃek
passar um cheque	чек жазып берүү	tʃek dʒazıp beryy
talão (m) de cheques	чек китепчеси	tʃek kiteptʃesi
carteira (f)	намыян	namıjan
niqueleira (f)	капчык	kaptʃık
cofre (m)	сейф	sejf
herdeiro (m)	мураскер	murasker
herança (f)	мурас	muras
fortuna (riqueza)	мүлк	mylk
arrendamento (m)	ижара	idʒara
aluguel (pagar o ~)	батир акысы	batir akısı
alugar (vt)	батирге алуу	batirge aluu
preço (m)	баа	baa
custo (m)	баа	baa

soma (f)	сумма	summa
gastar (vt)	коротуу	korotuu
gastos (m pl)	чыгым	tʃɯgɯm
economizar (vi)	үнөмдөө	ynømdøø
econômico (adj)	сарамжал	saramdʒal
pagar (vt)	төлөө	tøløø
pagamento (m)	акы төлөө	akɯ tøløø
troco (m)	кайтарылган майда акча	kajtarɯlgan majda aktʃa
imposto (m)	салык	salɯk
multa (f)	айып	ajɯp
multar (vt)	айып пул салуу	ajɯp pul saluu

42. Correios. Serviço postal

agência (f) dos correios	почта	potʃta
correio (m)	почта	potʃta
carteiro (m)	кат ташуучу	kat taʃuutʃu
horário (m)	иш сааттары	iʃ saattarɯ
carta (f)	кат	kat
carta (f) registada	тапшырык кат	tapʃɯrɯk kat
cartão (m) postal	открытка	otkrɯtka
telegrama (m)	телеграмма	telegramma
encomenda (f)	посылка	posɯlka
transferência (f) de dinheiro	акча которуу	aktʃa kotoruu
receber (vt)	алуу	aluu
enviar (vt)	жөнөтүү	dʒønøtyy
envio (m)	жөнөтүү	dʒønøtyy
endereço (m)	дарек	darek
código (m) postal	индекс	indeks
remetente (m)	жөнөтүүчү	dʒønøtyytʃy
destinatário (m)	алуучу	aluutʃu
nome (m)	аты	atɯ
sobrenome (m)	фамилиясы	familijasɯ
tarifa (f)	тариф	tarif
ordinário (adj)	жөнөкөй	dʒønøkøj
econômico (adj)	үнөмдүү	ynømdyy
peso (m)	салмак	salmak
pesar (estabelecer o peso)	таразалоо	tarazaloo
envelope (m)	конверт	konvert
selo (m) postal	марка	marka
colar o selo	марка жабыштыруу	marka dʒabɯʃtɯruu

43. Banca

banco (m)	банк	bank
balcão (f)	бөлүм	bølym

consultor (m) bancário	кеңешчи	keŋeʃʧi
gerente (m)	башкаруучу	baʃkaruuʧu
conta (f)	эсеп	esep
número (m) da conta	эсеп номери	esep nomeri
conta (f) corrente	учурдагы эсеп	uʧurdagı esep
conta (f) poupança	топтолмо эсеп	toptolmo esep
abrir uma conta	эсеп ачуу	esep aʧuu
fechar uma conta	эсеп жабуу	esep dʒabuu
depositar na conta	эсепке акча салуу	esepke akʧa saluu
sacar (vt)	эсептен акча чыгаруу	esepten akʧa ʧıgaruu
depósito (m)	аманат	amanat
fazer um depósito	аманат кылуу	amanat kıluu
transferência (f) bancária	акча которуу	akʧa kotoruu
transferir (vt)	акча которуу	akʧa kotoruu
soma (f)	сумма	summa
Quanto?	Канча?	kanʧa?
assinatura (f)	кол тамга	kol tamga
assinar (vt)	кол коюу	kol kojuu
cartão (m) de crédito	насыя картасы	nasıja kartası
senha (f)	код	kod
número (m) do cartão de crédito	насыя картанын номери	nasıja kartanın nomeri
caixa (m) eletrônico	банкомат	bankomat
cheque (m)	чек	ʧek
passar um cheque	чек жазып берүү	ʧek dʒazıp beryy
talão (m) de cheques	чек китепчеси	ʧek kitepʧesi
empréstimo (m)	насыя	nasıja
pedir um empréstimo	насыя үчүн кайрылуу	nasıja yʧyn kajrıluu
obter empréstimo	насыя алуу	nasıja aluu
dar um empréstimo	насыя берүү	nasıja beryy
garantia (f)	кепилдик	kepildik

44. Telefone. Conversação telefônica

telefone (m)	телефон	telefon
celular (m)	мобилдик	mobildik
secretária (f) eletrônica	автоматтык жооп берүүчү	avtomattık dʒoop beryyʧy
fazer uma chamada	чалуу	ʧaluu
chamada (f)	чакыруу	ʧakıruu
discar um número	номер терүү	nomer teryy
Alô!	Алло!	allo!
perguntar (vt)	суроо	suroo
responder (vt)	жооп берүү	dʒoop beryy
ouvir (vt)	угуу	uguu

bem	жакшы	dʒakʃı
mal	жаман	dʒaman
ruído (m)	ызы-чуу	ızı-ʧuu

fone (m)	трубка	trubka
pegar o telefone	трубканы алуу	trubkanı aluu
desligar (vi)	трубканы коюу	trubkanı kojʉu

ocupado (adj)	бош эмес	boʃ emes
tocar (vi)	шыңгыроо	ʃıŋgıroo
lista (f) telefônica	телефондук китепче	telefonduk kiteptʃe

local (adj)	жергиликтүү	dʒergiliktyy
chamada (f) local	жергиликтүү чакыруу	dʒergiliktyy ʧakıruu
de longa distância	шаар аралык	ʃaar aralık
chamada (f) de longa distância	шаар аралык чакыруу	ʃaar aralık ʧakıruu
internacional (adj)	эл аралык	el aralık
chamada (f) internacional	эл аралык чакыруу	el aralık ʧakıruu

45. Telefone móvel

celular (m)	мобилдик	mobildik
tela (f)	дисплей	displej
botão (m)	баскыч	baskıʧ
cartão SIM (m)	SIM-карта	sim-karta

bateria (f)	батарея	batareja
descarregar-se (vr)	зарядканын түгөнүүсү	zarʲadkanın tygønyysy
carregador (m)	заряддоочу шайман	zarʲaddooʧu ʃajman

menu (m)	меню	menʉ
configurações (f pl)	орнотуулар	ornotuular
melodia (f)	обон	obon
escolher (vt)	тандоо	tandoo

calculadora (f)	калькулятор	kalʲkulʲator
correio (m) de voz	автоматтык жооп бергич	avtomattık dʒoop bergiʧ
despertador (m)	ойготкуч	ojgotkuʧ
contatos (m pl)	байланыштар	bajlanıʃtar

| mensagem (f) de texto | SMS-кабар | esemes-kabar |
| assinante (m) | абонент | abonent |

46. Estacionário

| caneta (f) | калем сап | kalem sap |
| caneta (f) tinteiro | калем уч | kalem uʧ |

lápis (m)	карандаш	karandaʃ
marcador (m) de texto	маркер	marker
caneta (f) hidrográfica	фломастер	flomaster

bloco (m) de notas	дептерче	depterʧe
agenda (f)	күндөлүк	kyndølyk
régua (f)	сызгыч	sızgıʧ
calculadora (f)	калькулятор	kalʲkulʲator
borracha (f)	өчүргүч	øʧyrgyʧ
alfinete (m)	кнопка	knopka
clipe (m)	кыскыч	kıskıʧ
cola (f)	желим	ʤelim
grampeador (m)	степлер	stepler
furador (m) de papel	тешкич	teʃkiʧ
apontador (m)	учтагыч	uʧtagıʧ

47. Línguas estrangeiras

língua (f)	тил	til
estrangeiro (adj)	чет	ʧet
língua (f) estrangeira	чет тил	ʧet til
estudar (vt)	окуу	okuu
aprender (vt)	үйрөнүү	yjrønyy
ler (vt)	окуу	okuu
falar (vi)	сүйлөө	syjløø
entender (vt)	түшүнүү	tyʃynyy
escrever (vt)	жазуу	ʤazuu
rapidamente	тез	tez
devagar, lentamente	жай	ʤaj
fluentemente	эркин	erkin
regras (f pl)	эрежелер	ereʤeler
gramática (f)	грамматика	grammatika
vocabulário (m)	лексика	leksika
fonética (f)	фонетика	fonetika
livro (m) didático	китеп	kitep
dicionário (m)	сөздүк	søzdyk
manual (m) autodidático	өзү үйрөткүч	øzy yjrøtkyʧ
guia (m) de conversação	тилачар	tilaʧar
fita (f) cassete	кассета	kasseta
videoteipe (m)	видеокассета	videokasseta
CD (m)	CD, компакт-диск	sidi, kompakt-disk
DVD (m)	DVD-диск	dividi-disk
alfabeto (m)	алфавит	alfavit
soletrar (vt)	эжелеп айтуу	eʤelep ajtuu
pronúncia (f)	айтылышы	ajtılıʃı
sotaque (m)	акцент	akʦent
com sotaque	акцент менен	akʦent menen
sem sotaque	акцентсиз	akʦentsiz
palavra (f)	сөз	søz

sentido (m)	маани	maani
curso (m)	курстар	kurstar
inscrever-se (vr)	курска жазылуу	kurska ʤazıluu
professor (m)	окутуучу	okutuutʃu
tradução (processo)	которуу	kotoruu
tradução (texto)	котормо	kotormo
tradutor (m)	котормочу	kotormotʃu
intérprete (m)	оозеки котормочу	oozeki kotormotʃu
poliglota (m)	полиглот	poliglot
memória (f)	эс тутум	es tutum

REFEIÇÕES. RESTAURANTE

48. Por a mesa

colher (f)	кашык	kaʃık
faca (f)	бычак	bıʧak
garfo (m)	вилка	vilka
xícara (f)	чөйчөк	ʧøjʧøk
prato (m)	табак	tabak
pires (m)	табак	tabak
guardanapo (m)	майлык	majlık
palito (m)	тиш чукугуч	tiʃ ʧukuguʧ

49. Restaurante

restaurante (m)	ресторан	restoran
cafeteria (f)	кофекана	kofekana
bar (m), cervejaria (f)	бар	bar
salão (m) de chá	чай салону	ʧaj salonu
garçom (m)	официант	ofitsiant
garçonete (f)	официант кыз	ofitsiant kız
barman (m)	бармен	barmen
cardápio (m)	меню	menu
lista (f) de vinhos	шарап картасы	ʃarap kartası
reservar uma mesa	столду камдык буйрутмалоо	stoldu kamdık bujrutmaloo
prato (m)	тамак	tamak
pedir (vt)	буйрутма кылуу	bujrutma kıluu
fazer o pedido	буйрутма берүү	bujrutma beryy
aperitivo (m)	аперитив	aperitiv
entrada (f)	ысылык	ısılık
sobremesa (f)	десерт	desert
conta (f)	эсеп	esep
pagar a conta	эсеп төлөө	esep tøløø
dar o troco	майда акчаны кайтаруу	majda akʧanı kajtaruu
gorjeta (f)	чайпул	ʧajpul

50. Refeições

comida (f)	тамак	tamak
comer (vt)	тамактануу	tamaktanuu

café (m) da manhã	таңкы тамак	taŋkı tamak
tomar café da manhã	эртең менен тамактануу	erteŋ menen tamaktanuu
almoço (m)	түшкү тамак	tyʃky tamak
almoçar (vi)	түштөнүү	tyʃtønyy
jantar (m)	кечки тамак	ketʃki tamak
jantar (vi)	кечки тамакты ичүү	ketʃki tamaktı itʃyy

apetite (m)	табит	tabit
Bom apetite!	Тамагыңыз таттуу болсун!	tamagıŋız tattuu bolsun!

abrir (~ uma lata, etc.)	ачуу	atʃuu
derramar (~ líquido)	төгүп алуу	tøgyp aluu
derramar-se (vr)	төгүлүү	tøgylyy

ferver (vi)	кайноо	kajnoo
ferver (vt)	кайнатуу	kajnatuu
fervido (adj)	кайнатылган	kajnatılgan
esfriar (vt)	суутуу	suutuu
esfriar-se (vr)	сууп туруу	suup turuu

sabor, gosto (m)	даам	daam
fim (m) de boca	даамдануу	daamdanuu

emagrecer (vi)	арыктоо	arıktoo
dieta (f)	мунөз тамак	mynøz tamak
vitamina (f)	витамин	vitamin
caloria (f)	калория	kalorija
vegetariano (m)	эттен чанган	etten tʃangan
vegetariano (adj)	этсиз даярдалган	etsiz dajardalgan

gorduras (f pl)	майлар	majlar
proteínas (f pl)	белоктор	beloktor
carboidratos (m pl)	көмүрсуулар	kømyrsuular

fatia (~ de limão, etc.)	кесим	kesim
pedaço (~ de bolo)	бөлүк	bølyk
migalha (f), farelo (m)	күкүм	kykym

51. Pratos cozinhados

prato (m)	тамак	tamak
cozinha (~ portuguesa)	даам	daam
receita (f)	тамак жасоо ыкмасы	tamak dʒasoo ıkması
porção (f)	порция	portsija

salada (f)	салат	salat
sopa (f)	сорпо	sorpo

caldo (m)	ынак сорпо	ınak sorpo
sanduíche (m)	бутерброд	buterbrod
ovos (m pl) fritos	куурулган жумуртка	kuurulgan dʒumurtka
hambúrguer (m)	гамбургер	gamburger
bife (m)	бифштекс	bifʃteks

acompanhamento (m)	гарнир	garnir
espaguete (m)	спагетти	spagetti
purê (m) de batata	эзилген картошка	ezilgen kartoʃka
pizza (f)	пицца	pitsa
mingau (m)	ботко	botko
omelete (f)	омлет	omlet
fervido (adj)	сууга бышырылган	suuga bıʃırılgan
defumado (adj)	ышталган	ıʃtalgan
frito (adj)	куурулган	kuurulgan
seco (adj)	кургатылган	kurgatılgan
congelado (adj)	тондурулган	toŋdurulgan
em conserva (adj)	маринаддагы	marinaddagı
doce (adj)	таттуу	tattuu
salgado (adj)	туздуу	tuzduu
frio (adj)	муздак	muzdak
quente (adj)	ысык	ısık
amargo (adj)	ачуу	atʃuu
gostoso (adj)	даамдуу	daamduu
cozinhar em água fervente	кайнатуу	kajnatuu
preparar (vt)	тамак бышыруу	tamak bıʃıruu
fritar (vt)	кууруу	kuuruu
aquecer (vt)	жылытуу	dʒılıtuu
salgar (vt)	туздоо	tuzdoo
apimentar (vt)	калемпир кошуу	kalempir koʃuu
ralar (vt)	сүргүлөө	syrgyløø
casca (f)	сырты	sırtı
descascar (vt)	тазалоо	tazaloo

52. Comida

carne (f)	эт	et
galinha (f)	тоок	took
frango (m)	балапан	balapan
pato (m)	өрдөк	ørdøk
ganso (m)	каз	kaz
caça (f)	илбээсин	ilbeesin
peru (m)	күрп	kyrp
carne (f) de porco	чочко эти	tʃotʃko eti
carne (f) de vitela	торпок эти	torpok eti
carne (f) de carneiro	кой эти	koj eti
carne (f) de vaca	уй эти	uj eti
carne (f) de coelho	коен	koen
linguiça (f), salsichão (m)	колбаса	kolbasa
salsicha (f)	сосиска	sosiska
bacon (m)	бекон	bekon
presunto (m)	ветчина	vettʃina
pernil (m) de porco	сан эт	san et
patê (m)	паштет	paʃtet

fígado (m)	боор	boor
guisado (m)	фарш	farʃ
língua (f)	тил	til
ovo (m)	жумуртка	dʒumurtka
ovos (m pl)	жумурткалар	dʒumurtkalar
clara (f) de ovo	жумуртканын агы	dʒumurtkanın agı
gema (f) de ovo	жумуртканын сарысы	dʒumurtkanın sarısı
peixe (m)	балык	balık
mariscos (m pl)	деңиз азыктары	deŋiz azıktarı
crustáceos (m pl)	рак сыяктуулар	rak sıjaktuular
caviar (m)	урук	uruk
caranguejo (m)	краб	krab
camarão (m)	креветка	krevetka
ostra (f)	устрица	ustritsa
lagosta (f)	лангуст	langust
polvo (m)	сегиз бут	segiz but
lula (f)	кальмар	kalʲmar
esturjão (m)	осетрина	osetrina
salmão (m)	лосось	lososʲ
halibute (m)	палтус	paltus
bacalhau (m)	треска	treska
cavala, sarda (f)	скумбрия	skumbrija
atum (m)	тунец	tunets
enguia (f)	угорь	ugorʲ
truta (f)	форель	forelʲ
sardinha (f)	сардина	sardina
lúcio (m)	чортон	tʃorton
arenque (m)	сельдь	selʲdʲ
pão (m)	нан	nan
queijo (m)	сыр	sır
açúcar (m)	кум шекер	kum-ʃeker
sal (m)	туз	tuz
arroz (m)	күрүч	kyrytʃ
massas (f pl)	макарон	makaron
talharim, miojo (m)	кесме	kesme
manteiga (f)	ак май	ak maj
óleo (m) vegetal	өсүмдүк майы	øsymdyk majı
óleo (m) de girassol	күн карама майы	kyn karama majı
margarina (f)	маргарин	margarin
azeitonas (f pl)	зайтун	zajtun
azeite (m)	зайтун майы	zajtun majı
leite (m)	сүт	syt
leite (m) condensado	коютулган сүт	kojutulgan syt
iogurte (m)	йогурт	jogurt
creme (m) azedo	сметана	smetana

creme (m) de leite	каймак	kajmak
maionese (f)	майонез	majonez
creme (m)	крем	krem

grãos (m pl) de cereais	акшак	akʃak
farinha (f)	ун	un
enlatados (m pl)	консерва	konserva

flocos (m pl) de milho	жарылган жүгөрү	ʤarılgan ʤygøry
mel (m)	бал	bal
geleia (m)	джем, конфитюр	ʤem, konfitʉr
chiclete (m)	сагыз	sagız

53. Bebidas

água (f)	суу	suu
água (f) potável	ичүүчү суу	iʧyyʧy suu
água (f) mineral	минерал суусу	mineral suusu

sem gás (adj)	газсыз	gazsız
gaseificada (adj)	газдалган	gazdalgan
com gás	газы менен	gazı menen
gelo (m)	муз	muz
com gelo	музу менен	muzu menen

não alcoólico (adj)	алкоголсуз	alkogolsuz
refrigerante (m)	алкоголсуз ичимдик	alkogolsuz iʧimdik
refresco (m)	суусундук	suusunduk
limonada (f)	лимонад	limonad

bebidas (f pl) alcoólicas	спирт ичимдиктери	spirt iʧimdikteri
vinho (m)	шарап	ʃarap
vinho (m) branco	ак шарап	ak ʃarap
vinho (m) tinto	кызыл шарап	kızıl ʃarap

licor (m)	ликёр	likʲor
champanhe (m)	шампан	ʃampan
vermute (m)	вермут	vermut

uísque (m)	виски	viski
vodca (f)	арак	arak
gim (m)	джин	ʤin
conhaque (m)	коньяк	konjak
rum (m)	ром	rom

café (m)	кофе	kofe
café (m) preto	кара кофе	kara kofe
café (m) com leite	сүттөлгөн кофе	syttølgøn kofe
cappuccino (m)	капучино	kapuʧino
café (m) solúvel	эрүүчү кофе	eryyʧy kofe

leite (m)	сүт	syt
coquetel (m)	коктейль	koktejlʲ
batida (f), milkshake (m)	сүт коктейли	syt koktejli

suco (m)	шире	ʃire
suco (m) de tomate	томат широеси	tomat ʃiresi
suco (m) de laranja	апельсин широеси	apelʲsin ʃiresi
suco (m) fresco	түз сыгылып алынган шире	tyz sıgılıp alıngan ʃire

cerveja (f)	сыра	sıra
cerveja (f) clara	ачык сыра	atʃık sıra
cerveja (f) preta	коңур сыра	koŋur sıra

chá (m)	чай	ʧaj
chá (m) preto	кара чай	kara ʧaj
chá (m) verde	жашыл чай	dʒaʃıl ʧaj

54. Vegetais

| vegetais (m pl) | жашылча | dʒaʃılʧa |
| verdura (f) | көк чөп | køk ʧøp |

tomate (m)	помидор	pomidor
pepino (m)	бадыраң	badıraŋ
cenoura (f)	сабиз	sabiz
batata (f)	картошка	kartoʃka
cebola (f)	пияз	pijaz
alho (m)	сарымсак	sarımsak

couve (f)	капуста	kapusta
couve-flor (f)	гүлдүү капуста	gyldyy kapusta
couve-de-bruxelas (f)	брюссель капустасы	brʉsselʲ kapustası
brócolis (m pl)	брокколи капустасы	brokkoli kapustası

beterraba (f)	кызылча	kızılʧa
berinjela (f)	баклажан	bakladʒan
abobrinha (f)	кабачок	kabaʧok
abóbora (f)	ашкабак	aʃkabak
nabo (m)	шалгам	ʃalgam

salsa (f)	петрушка	petruʃka
endro, aneto (m)	укроп	ukrop
alface (f)	салат	salat
aipo (m)	сельдерей	selʲderej

| aspargo (m) | спаржа | spardʒa |
| espinafre (m) | шпинат | ʃpinat |

| ervilha (f) | нокот | nokot |
| feijão (~ soja, etc.) | буурчак | buurʧak |

| milho (m) | жүгөрү | dʒygøry |
| feijão (m) roxo | төө буурчак | tøø buurʧak |

pimentão (m)	таттуу перец	tattuu perets
rabanete (m)	шалгам	ʃalgam
alcachofra (f)	артишок	artiʃok

55. Frutos. Nozes

fruta (f)	мөмө	mømø
maçã (f)	алма	alma
pera (f)	алмурут	almurut
limão (m)	лимон	limon
laranja (f)	апельсин	apelʲsin
morango (m)	кулпунай	kulpunaj
tangerina (f)	мандарин	mandarin
ameixa (f)	кара өрүк	kara øryk
pêssego (m)	шабдаалы	ʃabdaalı
damasco (m)	өрүк	øryk
framboesa (f)	дан куурай	dan kuuraj
abacaxi (m)	ананас	ananas
banana (f)	банан	banan
melancia (f)	арбуз	arbuz
uva (f)	жүзүм	dʒyzym
ginja (f)	алча	altʃa
cereja (f)	гилас	gilas
melão (m)	коон	koon
toranja (f)	грейпфрут	grejpfrut
abacate (m)	авокадо	avokado
mamão (m)	папайя	papaja
manga (f)	манго	mango
romã (f)	анар	anar
groselha (f) vermelha	кызыл карагат	kızıl karagat
groselha (f) negra	кара карагат	kara karagat
groselha (f) espinhosa	крыжовник	kridʒovnik
mirtilo (m)	кара моюл	kara mojʉl
amora (f) silvestre	кара бүлдүркөн	kara byldyrkøn
passa (f)	мейиз	mejiz
figo (m)	анжир	andʒir
tâmara (f)	курма	kurma
amendoim (m)	арахис	araχis
amêndoa (f)	бадам	badam
noz (f)	жаңгак	dʒaŋgak
avelã (f)	токой жаңгагы	tokoj dʒaŋgagı
coco (m)	кокос жаңгагы	kokos dʒaŋgagı
pistaches (m pl)	мисте	miste

56. Pão. Bolaria

pastelaria (f)	кондитер азыктары	konditer azıktarı
pão (m)	нан	nan
biscoito (m), bolacha (f)	печенье	petʃenje
chocolate (m)	шоколад	ʃokolad
de chocolate	шоколаддан	ʃokoladdan

bala (f)	конфета	konfeta
doce (bolo pequeno)	пирожное	pirodʒnoe
bolo (m) de aniversário	торт	tort
torta (f)	пирог	pirog
recheio (m)	начинка	natʃinka
geleia (m)	кыям	kıjam
marmelada (f)	мармелад	marmelad
wafers (m pl)	вафли	vafli
sorvete (m)	бал муздак	bal muzdak
pudim (m)	пудинг	puding

57. Especiarias

sal (m)	туз	tuz
salgado (adj)	туздуу	tuzduu
salgar (vt)	туздоо	tuzdoo
pimenta-do-reino (f)	кара мурч	kara murtʃ
pimenta (f) vermelha	кызыл калемпир	kızıl kalempir
mostarda (f)	горчица	gortʃitsa
raiz-forte (f)	хрен	χren
condimento (m)	татымал	tatımal
especiaria (f)	татымал	tatımal
molho (~ inglês)	соус	sous
vinagre (m)	уксус	uksus
anis estrelado (m)	анис	anis
manjericão (m)	райхон	rajχon
cravo (m)	гвоздика	gvozdika
gengibre (m)	имбирь	imbirʲ
coentro (m)	кориандр	koriandr
canela (f)	корица	koritsa
gergelim (m)	кунжут	kundʒut
folha (f) de louro	лавр жалбырагы	lavr dʒalbıragı
páprica (f)	паприка	paprika
cominho (m)	зира	zira
açafrão (m)	заапаран	zaaparan

INFORMAÇÃO PESSOAL. FAMÍLIA

58. Informação pessoal. Formulários

nome (m)	аты	atı
sobrenome (m)	фамилиясы	familijası
data (f) de nascimento	төрөлгөн күнү	tørølgøn kyny
local (m) de nascimento	туулган жери	tuulgan dʒeri
nacionalidade (f)	улуту	ulutu
lugar (m) de residência	жашаган жери	dʒaʃagan dʒeri
país (m)	өлкө	ølkø
profissão (f)	кесиби	kesibi
sexo (m)	жынысы	dʒınısı
estatura (f)	бою	bojʉ
peso (m)	салмак	salmak

59. Membros da família. Parentes

mãe (f)	эне	ene
pai (m)	ата	ata
filho (m)	уул	uul
filha (f)	кыз	kız
caçula (f)	кичүү кыз	kitʃyy kız
caçula (m)	кичүү уул	kitʃyy uul
filha (f) mais velha	улуу кыз	uluu kız
filho (m) mais velho	улуу уул	uluu uul
irmão (m)	бир тууган	bir tuugan
irmão (m) mais velho	байке	bajke
irmão (m) mais novo	ини	ini
irmã (f)	бир тууган	bir tuugan
irmã (f) mais velha	эже	edʒe
irmã (f) mais nova	синди	siŋdi
primo (m)	атасы же энеси бир тууган	atası dʒe enesi bir tuugan
prima (f)	атасы же энеси бир тууган	atası dʒe enesi bir tuugan
mamãe (f)	апа	apa
papai (m)	ата	ata
pais (pl)	ата-эне	ata-ene
criança (f)	бала	bala
crianças (f pl)	балдар	baldar
avó (f)	чоң апа	tʃoŋ apa

avô (m)	чоӊ ата	tʃoŋ ata
neto (m)	небере бала	nebere bala
neta (f)	небере кыз	nebere kız
netos (pl)	неберелер	nebereler

tio (m)	таяке	tajake
tia (f)	таяже	tajadʒe
sobrinho (m)	ини	ini
sobrinha (f)	жээн	dʒeen

sogra (f)	кайын эне	kajın ene
sogro (m)	кайын ата	kajın ata
genro (m)	күйөө бала	kyjøø bala
madrasta (f)	өгөй эне	øgøj ene
padrasto (m)	өгөй ата	øgøj ata

criança (f) de colo	эмчектеги бала	emtʃektegi bala
bebê (m)	ымыркай	ımırkaj
menino (m)	бөбөк	bøbøk

mulher (f)	аял	ajal
marido (m)	эр	er
esposo (m)	күйөө	kyjøø
esposa (f)	зайып	zajıp

casado (adj)	аялы бар	ajalı bar
casada (adj)	күйөөдө	kyjøødø
solteiro (adj)	бойдок	bojdok
solteirão (m)	бойдок	bojdok
divorciado (adj)	ажырашкан	adʒıraʃkan
viúva (f)	жесир	dʒesir
viúvo (m)	жесир	dʒesir

parente (m)	тууган	tuugan
parente (m) próximo	жакын тууган	dʒakın tuugan
parente (m) distante	алыс тууган	alıs tuugan
parentes (m pl)	бир тууган	bir tuugan

órfão (m), órfã (f)	жетим	dʒetim
tutor (m)	камкорчу	kamkortʃu
adotar (um filho)	уул кылып асырап алуу	uul kılıp asırap aluu
adotar (uma filha)	кыз кылып асырап алуу	kız kılıp asırap aluu

60. Amigos. Colegas de trabalho

amigo (m)	дос	dos
amiga (f)	курбу	kurbu
amizade (f)	достук	dostuk
ser amigos	достошуу	dostoʃuu

amigo (m)	шерик	ʃerik
amiga (f)	шерик кыз	ʃerik kız
parceiro (m)	өнөктөш	ønøktøʃ
chefe (m)	башчы	baʃtʃı

superior (m)	башчы	baʃʧı
proprietário (m)	кожоюн	koʤoʤun
subordinado (m)	кол астындагы	kol astındagı
colega (m, f)	кесиптеш	kesipteʃ
conhecido (m)	тааныш	taanıʃ
companheiro (m) de viagem	жолдош	ʤoldoʃ
colega (m) de classe	классташ	klasstaʃ
vizinho (m)	кошуна	koʃuna
vizinha (f)	кошуна	koʃuna
vizinhos (pl)	кошуналар	koʃunalar

CORPO HUMANO. MEDICINA

61. Cabeça

cabeça (f)	баш	baʃ
rosto, cara (f)	бет	bet
nariz (m)	мурун	murun
boca (f)	ооз	ooz
olho (m)	көз	køz
olhos (m pl)	көздөр	køzdør
pupila (f)	карек	karek
sobrancelha (f)	каш	kaʃ
cílio (f)	кирпик	kirpik
pálpebra (f)	кабак	kabak
língua (f)	тил	til
dente (m)	тиш	tiʃ
lábios (m pl)	эриндер	erinder
maçãs (f pl) do rosto	бет сөөгү	bet søøgy
gengiva (f)	тиш эти	tiʃ eti
palato (m)	таңдай	taŋdaj
narinas (f pl)	мурун тешиги	murun teʃigi
queixo (m)	ээк	eek
mandíbula (f)	жаак	dʒaak
bochecha (f)	бет	bet
testa (f)	чеке	tʃeke
têmpora (f)	чыкый	tʃɪkɪj
orelha (f)	кулак	kulak
costas (f pl) da cabeça	желке	dʒelke
pescoço (m)	моюн	mojʉn
garganta (f)	тамак	tamak
cabelo (m)	чач	tʃatʃ
penteado (m)	чач жасоо	tʃatʃ dʒasoo
corte (m) de cabelo	чач кыркуу	tʃatʃ kɪrkuu
peruca (f)	парик	parik
bigode (m)	мурут	murut
barba (f)	сакал	sakal
ter (~ barba, etc.)	мурут коюу	murut kojʉu
trança (f)	өрүм чач	ørym tʃatʃ
suíças (f pl)	бакенбарда	bakenbarda
ruivo (adj)	сары	sarɪ
grisalho (adj)	ак чачтуу	ak tʃatʃtuu
careca (adj)	таз	taz
calva (f)	кашка	kaʃka

| rabo-de-cavalo (m) | куйрук | kujruk |
| franja (f) | көкүл | køkyl |

62. Corpo humano

| mão (f) | беш манжа | beʃ mandʒa |
| braço (m) | кол | kol |

dedo (m)	манжа	mandʒa
dedo (m) do pé	манжа	mandʒa
polegar (m)	бармак	barmak
dedo (m) mindinho	чыпалак	tʃıpalak
unha (f)	тырмак	tırmak

punho (m)	муштум	muʃtum
palma (f)	алакан	alakan
pulso (m)	билек	bilek
antebraço (m)	каруу	karuu
cotovelo (m)	чыканак	tʃıkanak
ombro (m)	ийин	ijin

perna (f)	бут	but
pé (m)	таман	taman
joelho (m)	тизе	tize
panturrilha (f)	балтыр	baltır
quadril (m)	сан	san
calcanhar (m)	согончок	sogontʃok

corpo (m)	дене	dene
barriga (f), ventre (m)	курсак	kursak
peito (m)	төш	tøʃ
seio (m)	эмчек	emtʃek
lado (m)	каптал	kaptal
costas (dorso)	арка жон	arka dʒon
região (f) lombar	бел	bel
cintura (f)	бел	bel

umbigo (m)	киндик	kindik
nádegas (f pl)	жамбаш	dʒambaʃ
traseiro (m)	көчүк	køtʃyk

sinal (m), pinta (f)	мең	meŋ
sinal (m) de nascença	кал	kal
tatuagem (f)	татуировка	tatuirovka
cicatriz (f)	тырык	tırık

63. Doenças

doença (f)	оору	ooru
estar doente	ооруу	ooruu
saúde (f)	ден-соолук	den-sooluk
nariz (m) escorrendo	мурдунан суу агуу	murdunan suu aguu

amigdalite (f)	ангина	angina
resfriado (m)	суук тийүү	suuk tijyy
ficar resfriado	суук тийгизип алуу	suuk tijgizip aluu
bronquite (f)	бронхит	bronχit
pneumonia (f)	кабыргадан сезгенүү	kabırgadan sezgenyy
gripe (f)	сасык тумоо	sasık tumoo
míope (adj)	алыстан көрө албоо	alıstan kørø alboo
presbita (adj)	жакындан көрө албоо	dʒakından kørø alboo
estrabismo (m)	кылый көздүүлүк	kılıj køzdyylyk
estrábico, vesgo (adj)	кылый көздүүлүк	kılıj køzdyylyk
catarata (f)	челкөз	tʃelkøz
glaucoma (m)	глаукома	glaukoma
AVC (m), apoplexia (f)	мээге кан куюлуу	meege kan kujuluu
ataque (m) cardíaco	инфаркт	infarkt
enfarte (m) do miocárdio	инфаркт миокарда	infarkt miokarda
paralisia (f)	шал	ʃal
paralisar (vt)	шал болуу	ʃal boluu
alergia (f)	аллергия	allergija
asma (f)	астма	astma
diabetes (f)	диабет	diabet
dor (f) de dente	тиш оорусу	tiʃ oorusu
cárie (f)	кариес	karies
diarreia (f)	ич өткү	itʃ øtky
prisão (f) de ventre	ич катуу	itʃ katuu
desarranjo (m) intestinal	ич бузулгандык	itʃ buzulgandık
intoxicação (f) alimentar	уулануу	uulanuu
intoxicar-se	уулануу	uulanuu
artrite (f)	артрит	artrit
raquitismo (m)	итий	itij
reumatismo (m)	кызыл жүгүрүк	kızıl dʒygyryk
arteriosclerose (f)	атеросклероз	ateroskleroz
gastrite (f)	карын сезгенүүсу	karın sezgenyysu
apendicite (f)	аппендицит	appenditsit
colecistite (f)	холецистит	χoletsistit
úlcera (f)	жара	dʒara
sarampo (m)	кызылча	kızıltʃa
rubéola (f)	кызамык	kızamık
icterícia (f)	сарык	sarık
hepatite (f)	гепатит	gepatit
esquizofrenia (f)	шизофрения	ʃizofrenija
raiva (f)	кутурма	kuturma
neurose (f)	невроз	nevroz
contusão (f) cerebral	мээнин чайкалышы	meenin tʃajkalıʃı
câncer (m)	рак	rak
esclerose (f)	склероз	skleroz

esclerose (f) múltipla	жайылган склероз	dʒajılgan skleroz
alcoolismo (m)	аракечтик	araketʃtik
alcoólico (m)	аракеч	araketʃ
sífilis (f)	котон жара	koton dʒara
AIDS (f)	СПИД	spid
tumor (m)	шишик	ʃiʃik
maligno (adj)	залалдуу	zalalduu
benigno (adj)	залалсыз	zalalsız
febre (f)	безгек	bezgek
malária (f)	безгек	bezgek
gangrena (f)	кабыз	kabız
enjoo (m)	деңиз оорусу	deŋiz oorusu
epilepsia (f)	талма	talma
epidemia (f)	эпидемия	epidemija
tifo (m)	келте	kelte
tuberculose (f)	кургак учук	kurgak utʃuk
cólera (f)	холера	χolera
peste (f) bubônica	кара тумоо	kara tumoo

64. Sintomas. Tratamentos. Parte 1

sintoma (m)	белги	belgi
temperatura (f)	дене табынын көтөрүлүшү	dene tabının køtørylyʃy
febre (f)	жогорку температура	dʒogorku temperatura
pulso (m)	тамыр кагышы	tamır kagıʃı
vertigem (f)	баш айлануу	baʃ ajlanuu
quente (testa, etc.)	ысык	ısık
calafrio (m)	чыйрыгуу	tʃıjrıguu
pálido (adj)	купкуу	kupkuu
tosse (f)	жөтөл	dʒøtøl
tossir (vi)	жөтөлүү	dʒøtølyy
espirrar (vi)	чүчкүрүү	tʃytʃkyryy
desmaio (m)	эси оо	esi oo
desmaiar (vi)	эси ооп жыгылуу	esi oop dʒıgıluu
mancha (f) preta	көк-ала	køk-ala
galo (m)	шишик	ʃiʃik
machucar-se (vr)	уруnуп алуу	urunup aluu
contusão (f)	көгөртүп алуу	køgørtyp aluu
machucar-se (vr)	көгөртүп алуу	køgørtyp aluu
mancar (vi)	аксоо	aksoo
deslocamento (f)	муундун чыгып кетүүсү	muundun tʃıgıp ketyysy
deslocar (vt)	чыгарып алуу	tʃıgarıp aluu
fratura (f)	сынуу	sınuu
fraturar (vt)	сындырып алуу	sındırıp aluu
corte (m)	кесилген жер	kesilgen dʒer
cortar-se (vr)	кесип алуу	kesip aluu

hemorragia (f)	кан кетүү	kan ketyy
queimadura (f)	күйүк	kyjyk
queimar-se (vr)	күйгүзүп алуу	kyjgyzyp aluu
picar (vt)	саюу	sajuu
picar-se (vr)	сайып алуу	sajıp aluu
lesionar (vt)	кокустатып алуу	kokustatıp aluu
lesão (m)	кокустатып алуу	kokustatıp aluu
ferida (f), ferimento (m)	жара	dʒara
trauma (m)	жаракат	dʒarakat
delirar (vi)	желүү	dʒølyy
gaguejar (vi)	кекечтенүү	keketʃenyy
insolação (f)	күн өтүү	kyn øtyy

65. Sintomas. Tratamentos. Parte 2

dor (f)	оору	ooru
farpa (no dedo, etc.)	тикен	tiken
suor (m)	тер	ter
suar (vi)	тердөө	terdøø
vômito (m)	кусуу	kusuu
convulsões (f pl)	тарамыш карышуусу	taramıʃ karıʃuusu
grávida (adj)	кош бойлуу	koʃ bojluu
nascer (vi)	төрөлүү	tørølyy
parto (m)	төрөт	tørøt
dar à luz	төрөө	tørøø
aborto (m)	бойдон түшүрүү	bojdon tyʃyryy
respiração (f)	дем алуу	dem aluu
inspiração (f)	дем алуу	dem aluu
expiração (f)	дем чыгаруу	dem tʃıgaruu
expirar (vi)	дем чыгаруу	dem tʃıgaruu
inspirar (vi)	дем алуу	dem aluu
inválido (m)	майып	majıp
aleijado (m)	мунжу	mundʒu
drogado (m)	баңги	baŋgi
surdo (adj)	дүлөй	dyløj
mudo (adj)	дудук	duduk
surdo-mudo (adj)	дудук	duduk
louco, insano (adj)	жин тийген	dʒin tijgen
louco (m)	жинди чалыш	dʒindi tʃalıʃ
louca (f)	жинди чалыш	dʒindi tʃalıʃ
ficar louco	мээси айныган	meesi ajnıgan
gene (m)	ген	gen
imunidade (f)	иммунитет	immunitet
hereditário (adj)	тукум куучулук	tukum kuutʃuluk
congênito (adj)	тубаса	tubasa

vírus (m)	вирус	virus
micróbio (m)	микроб	mikrob
bactéria (f)	бактерия	bakterija
infecção (f)	жугуштуу илдет	dʒuguʃtuu ildet

66. Sintomas. Tratamentos. Parte 3

hospital (m)	оорукана	oorukana
paciente (m)	бейтап	bejtap

diagnóstico (m)	дарт аныктоо	dart anıktoo
cura (f)	дарылоо	darıloo
tratamento (m) médico	дарылоо	darıloo
curar-se (vr)	дарылануу	darılanuu
tratar (vt)	дарылоо	darıloo
cuidar (pessoa)	кароо	karoo
cuidado (m)	кароо	karoo

operação (f)	операция	operatsija
enfaixar (vt)	жараны таңуу	dʒaranı taŋuu
enfaixamento (m)	таңуу	taŋuu

vacinação (f)	эмдөө	emdøø
vacinar (vt)	эмдөө	emdøø
injeção (f)	ийне салуу	ijne saluu
dar uma injeção	ийне сайдыруу	ijne sajdıruu

ataque (~ de asma, etc.)	оору кармап калуу	ooru karmap kaluu
amputação (f)	кесүү	kesyy
amputar (vt)	кесип таштоо	kesip taʃtoo
coma (f)	кома	koma
estar em coma	комада болуу	komada boluu
reanimação (f)	реанимация	reanimatsija

recuperar-se (vr)	сакаюу	sakajuu
estado (~ de saúde)	абал	abal
consciência (perder a ~)	эсинде	esinde
memória (f)	эс тутум	es tutum

tirar (vt)	тишти жулуу	tiʃti dʒuluu
obturação (f)	пломба	plomba
obturar (vt)	пломба салуу	plomba saluu

hipnose (f)	гипноз	gipnoz
hipnotizar (vt)	гипноз кылуу	gipnoz kıluu

67. Medicina. Drogas. Acessórios

medicamento (m)	дары-дармек	darı-darmek
remédio (m)	дары	darı
receitar (vt)	жазып берүү	dʒazıp beryy
receita (f)	рецепт	retsept

comprimido (m)	таблетка	tabletka
unguento (m)	май	maj
ampola (f)	ампула	ampula
solução, preparado (m)	аралашма	aralaʃma
xarope (m)	сироп	sirop
cápsula (f)	пилюля	piluⁱⁱa
pó (m)	күкүм	kykym
atadura (f)	бинт	bint
algodão (m)	пахта	paχta
iodo (m)	йод	jod
curativo (m) adesivo	лейкопластырь	lejkoplastırⁱ
conta-gotas (m)	дары тамызгыч	darı tamızgıtʃ
termômetro (m)	градусник	gradusnik
seringa (f)	шприц	ʃprits
cadeira (f) de rodas	майып арабасы	majıp arabası
muletas (f pl)	колтук таяк	koltuk tajak
analgésico (m)	оору сездирбөөчү дары	ooru sezdirbøøtʃy darı
laxante (m)	ич алдыруучу дары	itʃ aldıruutʃu darı
álcool (m)	спирт	spirt
ervas (f pl) medicinais	дары чептер	darı tʃøptør
de ervas (chá ~)	чеп чайы	tʃøp tʃajı

APARTAMENTO

68. Apartamento

apartamento (m)	батир	batir
quarto, cômodo (m)	бөлмө	bølmø
quarto (m) de dormir	уктоочу бөлмө	uktootʃu bølmø
sala (f) de jantar	ашкана	aʃkana
sala (f) de estar	конок үйү	konok yjy
escritório (m)	иш бөлмөсү	iʃ bølmøsy
sala (f) de entrada	кире бериш	kire beriʃ
banheiro (m)	ванная	vannaja
lavabo (m)	даараткана	daaratkana
teto (m)	шып	ʃɪp
chão, piso (m)	пол	pol
canto (m)	бурч	burtʃ

69. Mobiliário. Interior

mobiliário (m)	эмерек	emerek
mesa (f)	стол	stol
cadeira (f)	стул	stul
cama (f)	керебет	kerebet
sofá, divã (m)	диван	divan
poltrona (f)	олпок отургуч	olpok oturgutʃ
estante (f)	китеп шкафы	kitep ʃkafɪ
prateleira (f)	текче	tektʃe
guarda-roupas (m)	шкаф	ʃkaf
cabide (m) de parede	кийим илгич	kijim ilgitʃ
cabideiro (m) de pé	кийим илгич	kijim ilgitʃ
cômoda (f)	комод	komod
mesinha (f) de centro	журнал столу	dʒurnal stolu
espelho (m)	күзгү	kyzgy
tapete (m)	килем	kilem
tapete (m) pequeno	килемче	kilemtʃe
lareira (f)	очок	otʃok
vela (f)	шам	ʃam
castiçal (m)	шамдал	ʃamdal
cortinas (f pl)	парда	parda
papel (m) de parede	туш кагаз	tuʃ kagaz

persianas (f pl)	жалюзи	dʒaldʒʉzi
luminária (f) de mesa	стол чырагы	stol tʃɯragɯ
luminária (f) de parede	чырак	tʃɯrak
abajur (m) de pé	торшер	torʃer
lustre (m)	асма шам	asma ʃam

pé (de mesa, etc.)	бут	but
braço, descanso (m)	чыканак такооч	tʃɯkanak takootʃ
costas (f pl)	желөнгүч	dʒɵlɵngytʃ
gaveta (f)	суурма	suurma

70. Quarto de dormir

roupa (f) de cama	шейшеп	ʃejʃep
travesseiro (m)	жаздык	dʒazdɯk
fronha (f)	жаздык кап	dʒazdɯk kap
cobertor (m)	жууркан	dʒuurkan
lençol (m)	шейшеп	ʃejʃep
colcha (f)	жапкыч	dʒapkɯtʃ

71. Cozinha

cozinha (f)	ашкана	aʃkana
gás (m)	газ	gaz
fogão (m) a gás	газ плитасы	gaz plitasɯ
fogão (m) elétrico	электр плитасы	elektr plitasɯ
forno (m)	духовка	duxovka
forno (m) de micro-ondas	микротолкун меши	mikrotolkun meʃi

geladeira (f)	муздаткыч	muzdatkɯtʃ
congelador (m)	тоңдургуч	toŋdurgutʃ
máquina (f) de lavar louça	идиш жуучу машина	idiʃ dʒuutʃu maʃina

moedor (m) de carne	эт туурагыч	et tuuragɯtʃ
espremedor (m)	шире сыккыч	ʃire sɯkkɯtʃ
torradeira (f)	тостер	toster
batedeira (f)	миксер	mikser

máquina (f) de café	кофе кайнаткыч	kofe kajnatkɯtʃ
cafeteira (f)	кофе кайнатуучу идиш	kofe kajnatuutʃu idiʃ
moedor (m) de café	кофе майдалагыч	kofe majdalagɯtʃ

chaleira (f)	чайнек	tʃajnek
bule (m)	чайнек	tʃajnek
tampa (f)	капкак	kapkak
coador (m) de chá	чыпка	tʃɯpka

colher (f)	кашык	kaʃik
colher (f) de chá	чай кашык	tʃaj kaʃik
colher (f) de sopa	аш кашык	aʃ kaʃik
garfo (m)	вилка	vilka
faca (f)	бычак	bɯtʃak

louça (f)	идиш-аяк	idiʃ-ajak
prato (m)	табак	tabak
pires (m)	табак	tabak
cálice (m)	рюмка	rʉmka
copo (m)	ыстакан	ɯstakan
xícara (f)	чейчөк	ʧøjʧøk
açucareiro (m)	кум шекер салгыч	kum ʃeker salgɯʧ
saleiro (m)	туз салгыч	tuz salgɯʧ
pimenteiro (m)	мурч салгыч	murʧ salgɯʧ
manteigueira (f)	май салгыч	maj salgɯʧ
panela (f)	мискей	miskej
frigideira (f)	табак	tabak
concha (f)	чөмүч	ʧømyʧ
coador (m)	депкир	depkir
bandeja (f)	батыныс	batɯnɯs
garrafa (f)	бөтөлкө	bøtølkø
pote (m) de vidro	банка	banka
lata (~ de cerveja)	банка	banka
abridor (m) de garrafa	ачкыч	atʃkɯʧ
abridor (m) de latas	ачкыч	atʃkɯʧ
saca-rolhas (m)	штопор	ʃtopor
filtro (m)	чыпка	ʧɯpka
filtrar (vt)	чыпкалоо	ʧɯpkaloo
lixo (m)	таштанды	taʃtandɯ
lixeira (f)	таштанды чака	taʃtandɯ ʧaka

72. Casa de banho

banheiro (m)	ванная	vannaja
água (f)	суу	suu
torneira (f)	чорго	ʧorgo
água (f) quente	ысык суу	ɯsɯk suu
água (f) fria	муздак суу	muzdak suu
pasta (f) de dente	тиш пастасы	tiʃ pastasɯ
escovar os dentes	тиш жуу	tiʃ dʒuu
escova (f) de dente	тиш щёткасы	tiʃ ʃʧotkasɯ
barbear-se (vr)	кырынуу	kɯrɯnuu
espuma (f) de barbear	кырынуу үчүн көбүк	kɯrɯnuu yʧyn købyk
gilete (f)	устара	ustara
lavar (vt)	жуу	dʒuu
tomar banho	жуунуу	dʒuunuu
chuveiro (m), ducha (f)	душ	duʃ
tomar uma ducha	душка түшүү	duʃka tyʃyy
banheira (f)	ванна	vanna
vaso (m) sanitário	унитаз	unitaz

pia (f)	раковина	rakovina
sabonete (m)	самын	samın
saboneteira (f)	самын салгыч	samın salgıtʃ
esponja (f)	губка	gubka
xampu (m)	шампунь	ʃampunʲ
toalha (f)	сүлгү	sylgy
roupão (m) de banho	халат	χalat
lavagem (f)	кир жуу	kir dʒuu
lavadora (f) de roupas	кир жуучу машина	kir dʒuutʃu maʃina
lavar a roupa	кир жуу	kir dʒuu
detergente (m)	кир жуучу порошок	kir dʒuutʃu poroʃok

73. Eletrodomésticos

televisor (m)	сыналгы	sınalgı
gravador (m)	магнитофон	magnitofon
videogravador (m)	видеомагнитофон	videomagnitofon
rádio (m)	үналгы	ynalgı
leitor (m)	плеер	pleer
projetor (m)	видеопроектор	videoproektor
cinema (m) em casa	үй кинотеатры	yj kinoteatrı
DVD Player (m)	DVD ойноткуч	dividi ojnotkutʃ
amplificador (m)	күчөткүч	kytʃøtkytʃ
console (f) de jogos	оюн приставкасы	ojʉn pristavkası
câmera (f) de vídeo	видеокамера	videokamera
máquina (f) fotográfica	фотоаппарат	fotoapparat
câmera (f) digital	санарип камерасы	sanarip kamerası
aspirador (m)	чаң соргуч	tʃaŋ sorgutʃ
ferro (m) de passar	үтүк	ytyk
tábua (f) de passar	үтүктөөчү тактай	ytyktøøtʃy taktaj
telefone (m)	телефон	telefon
celular (m)	мобилдик	mobildik
máquina (f) de escrever	машинка	maʃinka
máquina (f) de costura	кийим тигүүчү машинка	kijim tigyytʃy maʃinka
microfone (m)	микрофон	mikrofon
fone (m) de ouvido	кулакчын	kulaktʃın
controle remoto (m)	пульт	pulʲt
CD (m)	CD, компакт-диск	sidi, kompakt-disk
fita (f) cassete	кассета	kasseta
disco (m) de vinil	пластинка	plastinka

A TERRA. TEMPO

74. Espaço sideral

espaço, cosmo (m)	космос	kosmos
espacial, cósmico (adj)	космос	kosmos
espaço (m) cósmico	космос мейкиндиги	kosmos mejkindigi
mundo (m)	дүйнө	dyjnø
universo (m)	аалам	aalam
galáxia (f)	галактика	galaktika
estrela (f)	жылдыз	dʒıldız
constelação (f)	жылдыздар	dʒıldızdar
planeta (m)	планета	planeta
satélite (m)	жолдош	dʒoldoʃ
meteorito (m)	метеорит	meteorit
cometa (m)	комета	kometa
asteroide (m)	астероид	asteroid
órbita (f)	орбита	orbita
girar (vi)	айлануу	ajlanuu
atmosfera (f)	атмосфера	atmosfera
Sol (m)	күн	kyn
Sistema (m) Solar	күн системасы	kyn sisteması
eclipse (m) solar	күндүн тутулушу	kyndyn tutuluʃu
Terra (f)	Жер	dʒer
Lua (f)	Ай	aj
Marte (m)	Марс	mars
Vênus (f)	Венера	venera
Júpiter (m)	Юпитер	jʉpiter
Saturno (m)	Сатурн	saturn
Mercúrio (m)	Меркурий	merkurij
Urano (m)	Уран	uran
Netuno (m)	Нептун	neptun
Plutão (m)	Плутон	pluton
Via Láctea (f)	Саманчынын жолу	samantʃının dʒolu
Ursa Maior (f)	Чоң Жетиген	tʃoŋ dʒetigen
Estrela Polar (f)	Полярдык Жылдыз	polʲardık dʒıldız
marciano (m)	марсианин	marsianin
extraterrestre (m)	инопланетянин	inoplanetʲanin
alienígena (m)	келгин	kelgin

disco (m) voador	учуучу табак	utʃuutʃu tabak
espaçonave (f)	космос кемеси	kosmos kemesi
estação (f) orbital	орбитадагы станция	orbitadagı stantsija
lançamento (m)	старт	start

motor (m)	кыймылдаткыч	kıjmıldatkıtʃ
bocal (m)	сопло	soplo
combustível (m)	күйгүчү май	kyjyytʃy may

cabine (f)	кабина	kabina
antena (f)	антенна	antenna

vigia (f)	иллюминатор	illʉminator
bateria (f) solar	күн батареясы	kyn batarejası
traje (m) espacial	скафандр	skafandr

imponderabilidade (f)	салмаксыздык	salmaksızdık
oxigênio (m)	кислород	kislorod

acoplagem (f)	жалгаштыруу	dʒalgaʃtıruu
fazer uma acoplagem	жалгаштыруу	dʒalgaʃtıruu

observatório (m)	обсерватория	observatorija
telescópio (m)	телескоп	teleskop

observar (vt)	байкоо	bajkoo
explorar (vt)	изилдөө	izildøø

75. A Terra

Terra (f)	Жер	dʒer
globo terrestre (Terra)	жер шары	dʒer ʃarı
planeta (m)	планета	planeta

atmosfera (f)	атмосфера	atmosfera
geografia (f)	география	geografija
natureza (f)	табийгат	tabijgat

globo (mapa esférico)	глобус	globus
mapa (m)	карта	karta
atlas (m)	атлас	atlas

Europa (f)	Европа	evropa
Ásia (f)	Азия	azija

África (f)	Африка	afrika
Austrália (f)	Австралия	avstralija

América (f)	Америка	amerika
América (f) do Norte	Северная Америка	severnaja amerika
América (f) do Sul	Южная Америка	jʉdʒnaja amerika

Antártida (f)	Антарктида	antarktida
Ártico (m)	Арктика	arktika

76. Pontos cardeais

norte (m)	түндүк	tyndyk
para norte	түндүккө	tyndykkø
no norte	түндүктө	tyndyktø
do norte (adj)	түндүк	tyndyk
sul (m)	түштүк	tyʃtyk
para sul	түштүккө	tyʃtykkø
no sul	түштүктө	tyʃtyktø
do sul (adj)	түштүк	tyʃtyk
oeste, ocidente (m)	батыш	batıʃ
para oeste	батышка	batıʃka
no oeste	батышта	batıʃta
ocidental (adj)	батыш	batıʃ
leste, oriente (m)	чыгыш	ʧıgıʃ
para leste	чыгышка	ʧıgıʃka
no leste	чыгышта	ʧıgıʃta
oriental (adj)	чыгыш	ʧıgıʃ

77. Mar. Oceano

mar (m)	деңиз	deŋiz
oceano (m)	мухит	muχit
golfo (m)	булуң	buluŋ
estreito (m)	кысык	kısık
terra (f) firme	жер	dʒer
continente (m)	материк	materik
ilha (f)	арал	aral
península (f)	жарым арал	dʒarım aral
arquipélago (m)	архипелаг	arχipelag
baía (f)	булуң	buluŋ
porto (m)	гавань	gavanⁱ
lagoa (f)	лагуна	laguna
cabo (m)	тумшук	tumʃuk
atol (m)	атолл	atoll
recife (m)	риф	rif
coral (m)	маржан	mardʒan
recife (m) de coral	маржан рифи	mardʒan rifi
profundo (adj)	терең	tereŋ
profundidade (f)	тереңдик	tereŋdik
abismo (m)	түбү жок	tyby dʒok
fossa (f) oceânica	ойдуң	ojduŋ
corrente (f)	агым	agım
banhar (vt)	курчап туруу	kurʧap turuu

litoral (m)	жээк	dʒeek
costa (f)	жээк	dʒeek

maré (f) alta	суунун көтөрүлүшү	suunun køtørylyʃy
refluxo (m)	суунун тартылуусу	suunun tartıluusu
restinga (f)	тайыздык	tajızdık
fundo (m)	суунун түбү	suunun tyby

onda (f)	толкун	tolkun
crista (f) da onda	толкундун кыры	tolkundun kırı
espuma (f)	көбүк	købyk

tempestade (f)	бороон чапкын	boroon tʃapkın
furacão (m)	бороон	boroon
tsunami (m)	цунами	tsunami
calmaria (f)	штиль	ʃtilʲ
calmo (adj)	тынч	tıntʃ

polo (m)	уюл	ujʉl
polar (adj)	полярдык	polʲardık

latitude (f)	кеңдик	keŋdik
longitude (f)	узундук	uzunduk
paralela (f)	параллель	parallelʲ
equador (m)	экватор	ekvator

céu (m)	асман	asman
horizonte (m)	горизонт	gorizont
ar (m)	аба	aba

farol (m)	маяк	majak
mergulhar (vi)	сүңгүү	syŋgyy
afundar-se (vr)	чөгүп кетүү	tʃøgyp ketyy
tesouros (m pl)	казына	kazına

78. Nomes de Mares e Oceanos

Oceano (m) Atlântico	Атлантика мухити	atlantika muχiti
Oceano (m) Índico	Индия мухити	indija muχiti
Oceano (m) Pacífico	Тынч мухити	tıntʃ muχiti
Oceano (m) Ártico	Түндүк Муз мухити	tyndyk muz muχiti

Mar (m) Negro	Кара деңиз	kara deŋiz
Mar (m) Vermelho	Кызыл деңиз	kızıl deŋiz
Mar (m) Amarelo	Сары деңиз	sarı deŋiz
Mar (m) Branco	Ак деңиз	ak deŋiz

Mar (m) Cáspio	Каспий деңизи	kaspij deŋizi
Mar (m) Morto	Өлүк деңиз	ølyk deŋiz
Mar (m) Mediterrâneo	Жер Ортолук деңиз	dʒer ortoluk deŋiz

Mar (m) Egeu	Эгей деңизи	egej deŋizi
Mar (m) Adriático	Адриатика деңизи	adriatika deŋizi
Mar (m) Arábico	Аравия деңизи	aravija deŋizi

Mar (m) do Japão	Япон деңизи	japon deŋizi
Mar (m) de Bering	Беринг деңизи	bering deŋizi
Mar (m) da China Meridional	Түштүк-Кытай деңизи	tyʃtyk-kıtaj deŋizi
Mar (m) de Coral	Маржан деңизи	mardʒan deŋizi
Mar (m) de Tasman	Тасман деңизи	tasman deŋizi
Mar (m) do Caribe	Кариб деңизи	karib deŋizi
Mar (m) de Barents	Баренц деңизи	barents deŋizi
Mar (m) de Kara	Карск деңизи	karsk deŋizi
Mar (m) do Norte	Түндүк деңиз	tyndyk deŋiz
Mar (m) Báltico	Балтика деңизи	baltika deŋizi
Mar (m) da Noruega	Норвегиялык деңизи	norvegijalık deŋizi

79. Montanhas

montanha (f)	тоо	too
cordilheira (f)	тоо тизмеги	too tizmegi
serra (f)	тоо кыркалары	too kırkaları
cume (m)	чоку	tʃoku
pico (m)	чоку	tʃoku
pé (m)	тоо этеги	too etegi
declive (m)	эңкейиш	eŋkejiʃ
vulcão (m)	вулкан	vulkan
vulcão (m) ativo	күйүп жаткан	kyjyp dʒatkan
vulcão (m) extinto	өчүп калган вулкан	øtʃyp kalgan vulkan
erupção (f)	атырылып чыгуу	atırılıp tʃıguu
cratera (f)	кратер	krater
magma (m)	магма	magma
lava (f)	лава	lava
fundido (lava ~a)	кызыган	kızıgan
cânion, desfiladeiro (m)	каньон	kanjon
garganta (f)	капчыгай	kaptʃıgaj
fenda (f)	жарака	dʒaraka
precipício (m)	жар	dʒar
passo, colo (m)	ашуу	aʃuu
planalto (m)	деңсөө	døŋsøø
falésia (f)	зоока	zooka
colina (f)	дебе	døbø
geleira (f)	муз	muz
cachoeira (f)	шаркыратма	ʃarkıratma
gêiser (m)	гейзер	gejzer
lago (m)	көл	køl
planície (f)	түздүк	tyzdyk
paisagem (f)	теребел	terebel
eco (m)	жаңырык	dʒaŋırık

alpinista (m)	альпинист	alʲpinist
escalador (m)	скалолаз	skalolaz
conquistar (vt)	багындыруу	bagındıruu
subida, escalada (f)	тоонун чокусуна чыгуу	toonun ʧokusuna ʧıguu

80. Nomes de montanhas

Alpes (m pl)	Альп тоолору	alʲp tooloru
Monte Branco (m)	Монблан	monblan
Pirineus (m pl)	Пиреней тоолору	pirenej tooloru

Cárpatos (m pl)	Карпат тоолору	karpat tooloru
Urais (m pl)	Урал тоолору	ural tooloru
Cáucaso (m)	Кавказ тоолору	kavkaz tooloru
Elbrus (m)	Эльбрус	elʲbrus

Altai (m)	Алтай тоолору	altaj tooloru
Tian Shan (m)	Тянь-Шань	tjanʲ-ʃanʲ
Pamir (m)	Памир тоолору	pamir tooloru
Himalaia (m)	Гималай тоолору	gimalaj tooloru
monte Everest (m)	Эверест	everest

| Cordilheira (f) dos Andes | Анд тоолору | and tooloru |
| Kilimanjaro (m) | Килиманджаро | kilimandʒaro |

81. Rios

rio (m)	дарыя	darıja
fonte, nascente (f)	булак	bulak
leito (m) de rio	сай	saj
bacia (f)	бассейн	bassejn
desaguar no …	… кую	… kujʉu

| afluente (m) | куйма | kujma |
| margem (do rio) | жээк | dʒeek |

corrente (f)	агым	agım
rio abaixo	агым боюнча	agım bojʉnʧa
rio acima	агымга каршы	agımga karʃı

inundação (f)	ташкын	taʃkın
cheia (f)	суу ташкыны	suu taʃkını
transbordar (vi)	дайранын ташышы	dajranın taʃıʃı
inundar (vt)	суу каптоо	suu kaptoo

| banco (m) de areia | тайыздык | tajızdık |
| corredeira (f) | босого | bosogo |

barragem (f)	тогоон	togoon
canal (m)	канал	kanal
reservatório (m) de água	суу сактагыч	suu saktagıʧ
eclusa (f)	шлюз	ʃlʉz

corpo (m) de água	келме	kølmø
pântano (m)	саз	saz
lamaçal (m)	баткак	batkak
redemoinho (m)	айлампа	ajlampa

riacho (m)	суу	suu
potável (adj)	ичилчү суу	itʃiltʃy suu
doce (água)	тузсуз	tuzsuz

| gelo (m) | муз | muz |
| congelar-se (vr) | тоңуп калуу | toŋup kaluu |

82. Nomes de rios

| rio Sena (m) | Сена | sena |
| rio Loire (m) | Луара | luara |

rio Tâmisa (m)	Темза	temza
rio Reno (m)	Рейн	rejn
rio Danúbio (m)	Дунай	dunaj

rio Volga (m)	Волга	volga
rio Don (m)	Дон	don
rio Lena (m)	Лена	lena

rio Amarelo (m)	Хуанхэ	χuanχe
rio Yangtzé (m)	Янцзы	jantszı
rio Mekong (m)	Меконг	mekong
rio Ganges (m)	Ганг	gang

rio Nilo (m)	Нил	nil
rio Congo (m)	Конго	kongo
rio Cubango (m)	Окаванго	okavango
rio Zambeze (m)	Замбези	zambezi
rio Limpopo (m)	Лимпопо	limpopo
rio Mississippi (m)	Миссисипи	missisipi

83. Floresta

| floresta (f), bosque (m) | токой | tokoj |
| florestal (adj) | токойлуу | tokojluu |

mata (f) fechada	чытырман токой	tʃıtırman tokoj
arvoredo (m)	токойчо	tokojtʃo
clareira (f)	аянт	ajant

| matagal (m) | бадал | badal |
| mato (m), caatinga (f) | бадал | badal |

pequena trilha (f)	чыйыр жол	tʃıjır dʒol
ravina (f)	жар	dʒar
árvore (f)	дарак	darak

| folha (f) | жалбырак | dʒalbırak |
| folhagem (f) | жалбырак | dʒalbırak |

queda (f) das folhas	жалбырак түшүү мезгили	dʒalbırak tyʃyy mezgili
cair (vi)	түшүү	tyʃyy
topo (m)	чоку	ʧoku

ramo (m)	бутак	butak
galho (m)	бутак	butak
botão (m)	бүчүр	bytʃyr
agulha (f)	ийне	ijne
pinha (f)	тобурчак	toburʧak

buraco (m) de árvore	көңдөй	køŋdøj
ninho (m)	уя	uja
toca (f)	ийин	ijin

tronco (m)	сеңгек	søŋgøk
raiz (f)	тамыр	tamır
casca (f) de árvore	кыртыш	kırtıʃ
musgo (m)	мох	moχ

arrancar pela raiz	дүмүрүн казуу	dymyryn kazuu
cortar (vt)	кыюу	kıjʉu
desflorestar (vt)	токойду кыюу	tokojdu kıjʉu
toco, cepo (m)	дүмүр	dymyr

fogueira (f)	от	ot
incêndio (m) florestal	өрт	ørt
apagar (vt)	өчүрүү	øʧyryy

guarda-parque (m)	токойчу	tokojʧu
proteção (f)	өсүмдүктөрдү коргоо	øsymdyktørdy korgoo
proteger (a natureza)	сактоо	saktoo
caçador (m) furtivo	браконьер	brakonjer
armadilha (f)	капкан	kapkan

colher (cogumelos)	терүү	teryy
colher (bagas)	терүү	teryy
perder-se (vr)	адашып кетүү	daʃıp ketyy

84. Recursos naturais

recursos (m pl) naturais	жаратылыш байлыктары	dʒaratılıʃ bajlıktarı
minerais (m pl)	пайдалуу кендер	pajdaluu kender
depósitos (m pl)	кен	ken
jazida (f)	кендүү жер	kendyy dʒer

extrair (vt)	казуу	kazuu
extração (f)	казуу	kazuu
minério (m)	кен	ken
mina (f)	шахта	ʃaχta
poço (m) de mina	шахта	ʃaχta
mineiro (m)	кенчи	kenʧi

gás (m)	газ	gaz
gasoduto (m)	газопровод	gazoprovod

petróleo (m)	мунайзат	munajzat
oleoduto (m)	мунайзар түтүгү	munajzar tytygy
poço (m) de petróleo	мунайзат скважинасы	munajzat skvadʒinası
torre (f) petrolífera	мунайзат мунарасы	munajzat munarası
petroleiro (m)	танкер	tanker

areia (f)	кум	kum
calcário (m)	акиташ	akitaʃ
cascalho (m)	шагыл	ʃagıl
turfa (f)	торф	torf
argila (f)	ылай	ılaj
carvão (m)	көмүр	kømyr

ferro (m)	темир	temir
ouro (m)	алтын	altın
prata (f)	кымыш	kymyʃ
níquel (m)	никель	nikelʲ
cobre (m)	жез	dʒez

zinco (m)	цинк	tsınk
manganês (m)	марганец	marganets
mercúrio (m)	сымап	sımap
chumbo (m)	коргошун	korgoʃun

mineral (m)	минерал	mineral
cristal (m)	кристалл	kristall
mármore (m)	мрамор	mramor
urânio (m)	уран	uran

85. Tempo

tempo (m)	аба-ырайы	aba-ırajı
previsão (f) do tempo	аба-ырайы боюнча маалымат	aba-ırajı bojɥntʃa maalımat

temperatura (f)	температура	temperatura
termômetro (m)	термометр	termometr
barômetro (m)	барометр	barometr

úmido (adj)	нымдуу	nımduu
umidade (f)	ным	nım

calor (m)	ысык	ısık
tórrido (adj)	кыйын ысык	kıjın ısık
está muito calor	ысык	ısık

está calor	жылуу	dʒıluu
quente (morno)	жылуу	dʒıluu

está frio	суук	suuk
frio (adj)	суук	suuk
sol (m)	күн	kyn

brilhar (vi)	күн тийүү	kyn tijyy
de sol, ensolarado	күн ачык	kyn atʃik
nascer (vi)	чыгуу	tʃiguu
pôr-se (vr)	батуу	batuu
nuvem (f)	булут	bulut
nublado (adj)	булуттуу	buluttuu
nuvem (f) preta	булут	bulut
escuro, cinzento (adj)	күн бүркөк	kyn byrkøk
chuva (f)	жамгыр	dʒamgır
está a chover	жамгыр жаап жатат	dʒamgır dʒaap dʒatat
chuvoso (adj)	жаандуу	dʒaanduu
chuviscar (vi)	дыбыратуу	dıbıratuu
chuva (f) torrencial	нөшөрлөгөн жаан	nøʃørløgøn dʒaan
aguaceiro (m)	нөшөр	nøʃør
forte (chuva, etc.)	катуу	katuu
poça (f)	көлчүк	køltʃyk
molhar-se (vr)	суу болуу	suu boluu
nevoeiro (m)	туман	tuman
de nevoeiro	тумандуу	tumanduu
neve (f)	кар	kar
está nevando	кар жаап жатат	kar dʒaap dʒatat

86. Tempo extremo. Catástrofes naturais

trovoada (f)	чагылгандуу жаан	tʃagılganduu dʒaan
relâmpago (m)	чагылган	tʃagılgan
relampejar (vi)	жарк этүү	dʒark etyy
trovão (m)	күн күркүрөө	kyn kyrkyrøø
trovejar (vi)	күн күркүрөө	kyn kyrkyrøø
está trovejando	күн күркүрөп жатат	kyn kyrkyrøp dʒatat
granizo (m)	мөндүр	møndyr
está caindo granizo	мөндүр түшүп жатат	møndyr tyʃyp dʒatat
inundar (vt)	суу каптоо	suu kaptoo
inundação (f)	ташкын	taʃkın
terremoto (m)	жер титирөө	dʒer titirøø
abalo, tremor (m)	жердин силкиниши	dʒerdin silkiniʃi
epicentro (m)	эпицентр	epitsentr
erupção (f)	атырылып чыгуу	atırılıp tʃiguu
lava (f)	лава	lava
tornado (m)	куюн	kujʉn
tornado (m)	торнадо	tornado
tufão (m)	тайфун	tajfun
furacão (m)	бороон	boroon
tempestade (f)	бороон чапкын	boroon tʃapkın

tsunami (m)	цунами	tsunami
ciclone (m)	циклон	tsıklon
mau tempo (m)	жаан-чачындуу күн	dʒaan-tʃatʃınduu kyn
incêndio (m)	өрт	ørt
catástrofe (f)	кыйроо	kıjroo
meteorito (m)	метеорит	meteorit
avalanche (f)	көчкү	køtʃky
deslizamento (m) de neve	кар көчкүсү	kar køtʃkysy
nevasca (f)	кар бороону	kar boroonu
tempestade (f) de neve	бурганак	burganak

FAUNA

87. Mamíferos. Predadores

predador (m)	жырткыч	dʒɪrtkɪtʃ
tigre (m)	жолборс	dʒolbors
leão (m)	арстан	arstan
lobo (m)	карышкыр	karıʃkır
raposa (f)	түлкү	tylky
jaguar (m)	ягуар	jaguar
leopardo (m)	леопард	leopard
chita (f)	гепард	gepard
pantera (f)	пантера	pantera
puma (m)	пума	puma
leopardo-das-neves (m)	илбирс	ilbirs
lince (m)	сүлөөсүн	syløøsyn
coiote (m)	койот	kojot
chacal (m)	чөө	tʃøø
hiena (f)	гиена	giena

88. Animais selvagens

animal (m)	жаныбар	dʒanıbar
besta (f)	жапайы жаныбар	dʒapajı dʒanıbar
esquilo (m)	тыйын чычкан	tıjın tʃıtʃkan
ouriço (m)	кирпичечен	kirpitʃetʃen
lebre (f)	коен	koen
coelho (m)	коен	koen
texugo (m)	кашкулак	kaʃkulak
guaxinim (m)	енот	enot
hamster (m)	хомяк	χomʲak
marmota (f)	суур	suur
toupeira (f)	момолой	momoloj
rato (m)	чычкан	tʃıtʃkan
ratazana (f)	келемиш	kelemiʃ
morcego (m)	жарганат	dʒarganat
arminho (m)	арс чычкан	ars tʃıtʃkan
zibelina (f)	киш	kiʃ
marta (f)	суусар	suusar
doninha (f)	ласка	laska
visom (m)	норка	norka

| castor (m) | кемчет | kemtʃet |
| lontra (f) | кундуз | kunduz |

cavalo (m)	жылкы	dʒɯlkɯ
alce (m)	багыш	bagɯʃ
veado (m)	бугу	bugu
camelo (m)	төө	tøø

bisão (m)	бизон	bizon
auroque (m)	зубр	zubr
búfalo (m)	буйвол	bujvol

zebra (f)	зебра	zebra
antílope (m)	антилопа	antilopa
corça (f)	элик	elik
gamo (m)	лань	lanʲ
camurça (f)	жейрен	dʒejren
javali (m)	каман	kaman

baleia (f)	кит	kit
foca (f)	тюлень	tɪlenʲ
morsa (f)	морж	mordʒ
urso-marinho (m)	деңиз мышыгы	deŋiz mɯʃɯgɯ
golfinho (m)	дельфин	delʲfin

urso (m)	аюу	ajɪu
urso (m) polar	ак аюу	ak ajɪu
panda (m)	панда	panda

macaco (m)	маймыл	majmɯl
chimpanzé (m)	шимпанзе	ʃimpanze
orangotango (m)	орангутанг	orangutang
gorila (m)	горилла	gorilla
macaco (m)	макака	makaka
gibão (m)	гиббон	gibbon

elefante (m)	пил	pil
rinoceronte (m)	керик	kerik
girafa (f)	жираф	dʒiraf
hipopótamo (m)	бегемот	begemot

| canguru (m) | кенгуру | kenguru |
| coala (m) | коала | koala |

mangusto (m)	мангуст	mangust
chinchila (f)	шиншилла	ʃinʃilla
cangambá (f)	скунс	skuns
porco-espinho (m)	чүткөр	tʃytkør

89. Animais domésticos

gata (f)	ургаачы мышык	urgaatʃɯ mɯʃɯk
gato (m) macho	эркек мышык	erkek mɯʃɯk
cão (m)	ит	it

cavalo (m)	жылкы	dʒılkı
garanhão (m)	айгыр	ajgır
égua (f)	бээ	bee

vaca (f)	уй	uj
touro (m)	бука	buka
boi (m)	өгүз	øgyz

ovelha (f)	кой	koj
carneiro (m)	кочкор	kotʃkor
cabra (f)	эчки	etʃki
bode (m)	теке	teke

burro (m)	эшек	eʃek
mula (f)	качыр	katʃır

porco (m)	чочко	tʃotʃko
leitão (m)	торопой	toropoj
coelho (m)	коен	koen

galinha (f)	тоок	took
galo (m)	короз	koroz

pata (f), pato (m)	өрдөк	ørdøk
pato (m)	эркек өрдөк	erkek ørdøk
ganso (m)	каз	kaz

peru (m)	күрп	kyrp
perua (f)	ургаачы күрп	urgaatʃı kyrp

animais (m pl) domésticos	үй жаныбарлары	yj dʒanıbarları
domesticado (adj)	колго үйрөтүлгөн	kolgo yjrøtylgøn
domesticar (vt)	колго үйрөтүү	kolgo yjrøtyy
criar (vt)	өстүрүү	østyryy

fazenda (f)	ферма	ferma
aves (f pl) domésticas	үй канаттулары	yj kanattuları
gado (m)	мал	mal
rebanho (m), manada (f)	бада	bada

estábulo (m)	аткана	atkana
chiqueiro (m)	чочкокана	tʃotʃkokana
estábulo (m)	уйкана	ujkana
coelheira (f)	коенкана	koenkana
galinheiro (m)	тоокана	tookana

90. Pássaros

pássaro (m), ave (f)	куш	kuʃ
pombo (m)	көгүчкөн	køgytʃkøn
pardal (m)	таранчы	tarantʃı
chapim-real (m)	синица	sinitsa
pega-rabuda (f)	сагызган	sagızgan
corvo (m)	кузгун	kuzgun

gralha-cinzenta (f)	карга	karga
gralha-de-nuca-cinzenta (f)	таан	taan
gralha-calva (f)	чаркарга	tʃarkarga
pato (m)	өрдөк	ørdøk
ganso (m)	каз	kaz
faisão (m)	кыргоол	kırgool
águia (f)	бүркүт	byrkyt
açor (m)	ителги	itelgi
falcão (m)	шумкар	ʃumkar
abutre (m)	жору	dʒoru
condor (m)	кондор	kondor
cisne (m)	аккуу	akkuu
grou (m)	турна	turna
cegonha (f)	илегилек	ilegilek
papagaio (m)	тотукуш	totukuʃ
beija-flor (m)	колибри	kolibri
pavão (m)	тоос	toos
avestruz (m)	төө куш	tøø kuʃ
garça (f)	көк кытан	køk kıtan
flamingo (m)	фламинго	flamingo
pelicano (m)	биргазан	birgazan
rouxinol (m)	булбул	bulbul
andorinha (f)	чабалекей	tʃabalekej
tordo-zornal (m)	таркылдак	tarkıldak
tordo-músico (m)	сайрагыч таркылдак	sajragıtʃ tarkıldak
melro-preto (m)	кара таңдай таркылдак	kara taŋdaj tarkıldak
andorinhão (m)	кардыгач	kardıgatʃ
cotovia (f)	торгой	torgoj
codorna (f)	бөдөнө	bødønø
pica-pau (m)	тоңкулдак	toŋkuldak
cuco (m)	күкүк	kykyk
coruja (f)	мыкый үкү	mıkıj yky
bufo-real (m)	үкү	yky
tetraz-grande (m)	керең кур	kereŋ kur
tetraz-lira (m)	кара кур	kara kur
perdiz-cinzenta (f)	кекилик	kekilik
estorninho (m)	чыйырчык	tʃıjırtʃık
canário (m)	канарейка	kanarejka
galinha-do-mato (f)	токой чили	tokoj tʃili
tentilhão (m)	зяблик	zʲablik
dom-fafe (m)	снегирь	snegirʲ
gaivota (f)	ак чардак	ak tʃardak
albatroz (m)	альбатрос	alʲbatros
pinguim (m)	пингвин	pingvin

91. Peixes. Animais marinhos

brema (f)	лещ	leʃʧ
carpa (f)	карп	karp
perca (f)	окунь	okunʲ
siluro (m)	жаян	dʒajan
lúcio (m)	чортон	ʧorton
salmão (m)	лосось	lososʲ
esturjão (m)	осётр	osʲotr
arenque (m)	сельдь	selʲdʲ
salmão (m) do Atlântico	сёмга	sʲomga
cavala, sarda (f)	скумбрия	skumbrija
solha (f), linguado (m)	камбала	kambala
lúcio perca (m)	судак	sudak
bacalhau (m)	треска	treska
atum (m)	тунец	tunets
truta (f)	форель	forelʲ
enguia (f)	угорь	ugorʲ
raia (f) elétrica	скат	skat
moreia (f)	мурена	murena
piranha (f)	пиранья	piranja
tubarão (m)	акула	akula
golfinho (m)	дельфин	delʲfin
baleia (f)	кит	kit
caranguejo (m)	краб	krab
água-viva (f)	медуза	meduza
polvo (m)	сегиз бут	segiz but
estrela-do-mar (f)	деңиз жылдызы	deŋiz dʒıldızı
ouriço-do-mar (m)	деңиз кирписи	deŋiz kirpisi
cavalo-marinho (m)	деңиз тайы	deŋiz tajı
ostra (f)	устрица	ustritsa
camarão (m)	креветка	krevetka
lagosta (f)	омар	omar
lagosta (f)	лангуст	langust

92. Anfíbios. Répteis

cobra (f)	жылан	dʒılan
venenoso (adj)	уулуу	uuluu
víbora (f)	кара чаар жылан	kara ʧaar dʒılan
naja (f)	кобра	kobra
píton (m)	питон	piton
jiboia (f)	удав	udav
cobra-de-água (f)	сары жылан	sarı dʒılan

cascavel (f)	шакылдак жылан	ʃakıldak dʒılan
anaconda (f)	анаконда	anakonda

lagarto (m)	кескелдирик	keskeldirik
iguana (f)	игуана	iguana
varano (m)	эчкемер	etʃkemer
salamandra (f)	саламандра	salamandra
camaleão (m)	хамелеон	χameleon
escorpião (m)	чаян	tʃajan

tartaruga (f)	ташбака	taʃbaka
rã (f)	бака	baka
sapo (m)	курбака	kurbaka
crocodilo (m)	крокодил	krokodil

93. Insetos

inseto (m)	курт-кумурска	kurt-kumurska
borboleta (f)	көпөлөк	køpøløk
formiga (f)	кумурска	kumurska
mosca (f)	чымын	tʃımın
mosquito (m)	чиркей	tʃirkej
escaravelho (m)	коңуз	koŋuz

vespa (f)	аары	aarı
abelha (f)	бал аары	bal aarı
mamangaba (f)	жапан аары	dʒapan aarı
moscardo (m)	көгөөн	køgøøn

aranha (f)	жөргөмүш	dʒørgømyʃ
teia (f) de aranha	желе	dʒele

libélula (f)	ийнелик	ijnelik
gafanhoto (m)	чегиртке	tʃegirtke
traça (f)	көпөлөк	køpøløk

barata (f)	таракан	tarakan
carrapato (m)	кене	kene
pulga (f)	бүргө	byrgø
borrachudo (m)	майда чымын	majda tʃımın

gafanhoto (m)	чегиртке	tʃegirtke
caracol (m)	үлүл	ylyl
grilo (m)	кара чегиртке	kara tʃegirtke
pirilampo, vaga-lume (m)	жалтырак коңуз	dʒaltırak koŋuz
joaninha (f)	айланкөчөк	ajlankøtʃøk
besouro (m)	саратан коңуз	saratan koŋuz

sanguessuga (f)	сүлүк	sylyk
lagarta (f)	каз таман	kaz taman
minhoca (f)	жер курту	dʒer kurtu
larva (f)	курт	kurt

FLORA

94. Árvores

árvore (f)	дарак	darak
decídua (adj)	жалбырактуу	dʒalbıraktuu
conífera (adj)	ийне жалбырактуулар	ijne dʒalbıraktuular
perene (adj)	дайым жашыл	dajım dʒaʃıl
macieira (f)	алма бак	alma bak
pereira (f)	алмурут бак	almurut bak
cerejeira (f)	гилас	gilas
ginjeira (f)	алча	altʃa
ameixeira (f)	кара өрүк	kara øryk
bétula (f)	ак кайың	ak kajıŋ
carvalho (m)	эмен	emen
tília (f)	жөкө дарак	dʒøkø darak
choupo-tremedor (m)	бай терек	baj terek
bordo (m)	клён	klʲon
espruce (m)	кара карагай	kara karagaj
pinheiro (m)	карагай	karagaj
alerce, lariço (m)	лиственница	listvennitsa
abeto (m)	пихта	piχta
cedro (m)	кедр	kedr
choupo, álamo (m)	терек	terek
tramazeira (f)	четин	tʃetin
salgueiro (m)	мажүрүм тал	madʒyrym tal
amieiro (m)	ольха	olʲχa
faia (f)	бук	buk
ulmeiro, olmo (m)	кара жыгач	kara dʒıgatʃ
freixo (m)	ясень	jasenʲ
castanheiro (m)	каштан	kaʃtan
magnólia (f)	магнолия	magnolija
palmeira (f)	пальма	palʲma
cipreste (m)	кипарис	kiparis
mangue (m)	мангро дарагы	mangro daragı
embondeiro, baobá (m)	баобаб	baobab
eucalipto (m)	эвкалипт	evkalipt
sequoia (f)	секвойя	sekvoja

95. Arbustos

arbusto (m)	бадал	badal
arbusto (m), moita (f)	бадал	badal

| videira (f) | жүзүм | dʒyzym |
| vinhedo (m) | жүзүмдүк | dʒyzymdyk |

framboeseira (f)	дан куурай	dan kuuraj
groselheira-negra (f)	кара карагат	kara karagat
groselheira-vermelha (f)	кызыл карагат	kızıl karagat
groselheira (f) espinhosa	крыжовник	krıdʒovnik

acácia (f)	акация	akatsija
bérberis (f)	бөрү карагат	børy karagat
jasmim (m)	жасмин	dʒasmin

junípero (m)	кара арча	kara artʃa
roseira (f)	роза бадалы	roza badalı
roseira (f) brava	ит мурун	it murun

96. Frutos. Bagas

| fruta (f) | мөмө-жемиш | mømø-dʒemiʃ |
| frutas (f pl) | мөмө-жемиш | mømø-dʒemiʃ |

maçã (f)	алма	alma
pera (f)	алмурут	almurut
ameixa (f)	кара өрүк	kara øryk

morango (m)	кулпунай	kulpunaj
ginja (f)	алча	altʃa
cereja (f)	гилас	gilas
uva (f)	жүзүм	dʒyzym

framboesa (f)	дан куурай	dan kuuraj
groselha (f) negra	кара карагат	kara karagat
groselha (f) vermelha	кызыл карагат	kızıl karagat
groselha (f) espinhosa	крыжовник	krıdʒovnik
oxicoco (m)	клюква	klʉkva

laranja (f)	апельсин	apelʲsin
tangerina (f)	мандарин	mandarin
abacaxi (m)	ананас	ananas
banana (f)	банан	banan
tâmara (f)	курма	kurma

limão (m)	лимон	limon
damasco (m)	өрүк	øryk
pêssego (m)	шабдаалы	ʃabdaalı

| quiuí (m) | киви | kivi |
| toranja (f) | грейпфрут | grejpfrut |

baga (f)	жер жемиш	dʒer dʒemiʃ
bagas (f pl)	жер жемиштер	dʒer dʒemiʃter
arando (m) vermelho	брусника	brusnika
morango-silvestre (m)	кызылгат	kızılgat
mirtilo (m)	кара моюл	kara mojʉl

97. Flores. Plantas

flor (f)	гүл	gyl
buquê (m) de flores	десте	deste
rosa (f)	роза	roza
tulipa (f)	жоогазын	dʒoogazın
cravo (m)	гвоздика	gvozdika
gladíolo (m)	гладиолус	gladiolus
centáurea (f)	ботокөз	botokøz
campainha (f)	коңгуроо гүл	koŋguroo gyl
dente-de-leão (m)	каакым-кукум	kaakım-kukum
camomila (f)	ромашка	romaʃka
aloé (m)	алоэ	aloe
cacto (m)	кактус	kaktus
fícus (m)	фикус	fikus
lírio (m)	лилия	lilija
gerânio (m)	герань	geranʲ
jacinto (m)	гиацинт	giatsint
mimosa (f)	мимоза	mimoza
narciso (m)	нарцисс	nartsiss
capuchinha (f)	настурция	nasturtsija
orquídea (f)	орхидея	orχideja
peônia (f)	пион	pion
violeta (f)	бинапша	binapʃa
amor-perfeito (m)	алагүл	alagyl
não-me-esqueças (m)	незабудка	nezabudka
margarida (f)	маргаритка	margaritka
papoula (f)	кызгалдак	kızgaldak
cânhamo (m)	наша	naʃa
hortelã, menta (f)	жалбыз	dʒalbız
lírio-do-vale (m)	ландыш	landıʃ
campânula-branca (f)	байчечекей	bajtʃetʃekej
urtiga (f)	чалкан	tʃalkan
azedinha (f)	ат кулак	at kulak
nenúfar (m)	чөмүч баш	tʃømytʃ baʃ
samambaia (f)	папоротник	paporotnik
líquen (m)	лишайник	liʃajnik
estufa (f)	күнөскана	kynøskana
gramado (m)	газон	gazon
canteiro (m) de flores	клумба	klumba
planta (f)	өсүмдүк	øsymdyk
grama (f)	чөп	tʃøp
folha (f) de grama	бир тал чөп	bir tal tʃøp

folha (f)	жалбырак	dʒalbırak
pétala (f)	гүлдүн желекчеси	gyldyn dʒelektʃesi
talo (m)	сабак	sabak
tubérculo (m)	жемиш тамыр	dʒemiʃ tamır

| broto, rebento (m) | өсмө | øsmø |
| espinho (m) | тикен | tiken |

florescer (vi)	гүлдөө	gyldøø
murchar (vi)	соолуу	sooluu
cheiro (m)	жыт	dʒıt
cortar (flores)	кесүү	kesyy
colher (uma flor)	үзүү	yzyy

98. Cereais, grãos

grão (m)	дан	dan
cereais (plantas)	дан эгиндери	dan eginderi
espiga (f)	машак	maʃak

trigo (m)	буудай	buudaj
centeio (m)	кара буудай	kara buudaj
aveia (f)	сулу	sulu
painço (m)	таруу	taruu
cevada (f)	арпа	arpa

milho (m)	жүгөрү	dʒygøry
arroz (m)	күрүч	kyrytʃ
trigo-sarraceno (m)	гречиха	gretʃiχa

ervilha (f)	нокот	nokot
feijão (m) roxo	төө буурчак	tøø buurtʃak
soja (f)	соя	soja
lentilha (f)	жасмык	dʒasmık
feijão (m)	буурчак	buurtʃak

PAÍSES DO MUNDO

99. Países. Parte 1

Afeganistão (m)	Ооганстан	ooganstan
África (f) do Sul	ТАР	tar
Albânia (f)	Албания	albanija
Alemanha (f)	Германия	germanija
Arábia (f) Saudita	Сауд Аравиясы	saud aravijası
Argentina (f)	Аргентина	argentina
Armênia (f)	Армения	armenija
Austrália (f)	Австралия	avstralija
Áustria (f)	Австрия	avstrija
Azerbaijão (m)	Азербайжан	azerbajdʒan
Bahamas (f pl)	Багам аралдары	bagam araldarı
Bangladesh (m)	Бангладеш	bangladeʃ
Bélgica (f)	Бельгия	belˈgija
Belarus	Беларусь	belarusⁱ
Bolívia (f)	Боливия	bolivija
Bósnia e Herzegovina (f)	Босния жана	bosnija dʒana
Brasil (m)	Бразилия	brazilija
Bulgária (f)	Болгария	bolgarija
Camboja (f)	Камбожа	kambodʒa
Canadá (m)	Канада	kanada
Cazaquistão (m)	Казакстан	kazakstan
Chile (m)	Чили	tʃili
China (f)	Кытай	kıtaj
Chipre (m)	Кипр	kipr
Colômbia (f)	Колумбия	kolumbija
Coreia (f) do Norte	Түндүк Корея	tundyk koreja
Coreia (f) do Sul	Түштүк Корея	tyʃtyk koreja
Croácia (f)	Хорватия	χorvatija
Cuba (f)	Куба	kuba
Dinamarca (f)	Дания	danija
Egito (m)	Египет	egipet
Emirados Árabes Unidos	Бириккен Араб Эмираттары	birikken arab emirattarı
Equador (m)	Эквадор	ekvador
Escócia (f)	Шотландия	ʃotlandija
Eslováquia (f)	Словакия	slovakija
Eslovênia (f)	Словения	slovenija
Espanha (f)	Испания	ispanija
Estados Unidos da América	Америка Кошмо Штаттары	amerika koʃmo ʃtattarı
Estônia (f)	Эстония	estonija

| Finlândia (f) | Финляндия | finlʲandija |
| França (f) | Франция | frantsija |

100. Países. Parte 2

Gana (f)	Гана	gana
Geórgia (f)	Грузия	gruzija
Grã-Bretanha (f)	Улуу Британия	uluu britanija
Grécia (f)	Греция	gretsija
Haiti (m)	Гаити	gaiti
Hungria (f)	Венгрия	vengrija
Índia (f)	Индия	indija

Indonésia (f)	Индонезия	indonezija
Inglaterra (f)	Англия	anglija
Irã (m)	Иран	iran
Iraque (m)	Ирак	irak
Irlanda (f)	Ирландия	irlandija
Islândia (f)	Исландия	islandija
Israel (m)	Израиль	izrailʲ

Itália (f)	Италия	italija
Jamaica (f)	Ямайка	jamajka
Japão (m)	Япония	japonija
Jordânia (f)	Иордания	iordanija
Kuwait (m)	Кувейт	kuvejt

| Laos (m) | Лаос | laos |
| Letônia (f) | Латвия | latvija |

Líbano (m)	Ливан	livan
Líbia (f)	Ливия	livija
Liechtenstein (m)	Лихтенштейн	liχtenʃtejn
Lituânia (f)	Литва	litva
Luxemburgo (m)	Люксембург	luksemburg

| Macedônia (f) | Македония | makedonija |
| Madagascar (m) | Мадагаскар | madagaskar |

Malásia (f)	Малазия	malazija
Malta (f)	Мальта	malʲta
Marrocos	Марокко	marokko
México (m)	Мексика	meksika
Birmânia (f)	Мьянма	mjanma

| Moldávia (f) | Молдова | moldova |
| Mônaco (m) | Монако | monako |

Mongólia (f)	Монголия	mongolija
Montenegro (m)	Черногория	tʃernogorija
Namíbia (f)	Намибия	namibija
Nepal (m)	Непал	nepal
Noruega (f)	Норвегия	norvegija
Nova Zelândia (f)	Жаңы Зеландия	dʒaŋı zelandija

101. Países. Parte 3

Países Baixos (m pl)	Нидерланддар	niderlanddar
Palestina (f)	Палестина	palestina
Panamá (m)	Панама	panama
Paquistão (m)	Пакистан	pakistan
Paraguai (m)	Парагвай	paragvaj
Peru (m)	Перу	peru
Polinésia (f) Francesa	Француз Полинезиясы	frantsuz polinezijası

Polônia (f)	Польша	poliʃa
Portugal (m)	Португалия	portugalija
Quênia (f)	Кения	kenija
Quirguistão (m)	Кыргызстан	kırgızstan
República (f) Checa	Чехия	tʃexija
República Dominicana	Доминикан Республикасы	dominikan respublikası
Romênia (f)	Румыния	rumınija

Rússia (f)	Россия	rossija
Senegal (m)	Сенегал	senegal
Sérvia (f)	Сербия	serbija
Síria (f)	Сирия	sirija
Suécia (f)	Швеция	ʃvetsija
Suíça (f)	Швейцария	ʃvejtsarija
Suriname (m)	Суринам	surinam

Tailândia (f)	Таиланд	tailand
Taiwan (m)	Тайвань	tajvanj
Tajiquistão (m)	Тажикистан	tadʒikistan
Tanzânia (f)	Танзания	tanzanija
Tasmânia (f)	Тасмания	tasmanija
Tunísia (f)	Тунис	tunis
Turquemenistão (m)	Туркмения	turkmenija

Turquia (f)	Түркия	tyrkija
Ucrânia (f)	Украина	ukraina
Uruguai (m)	Уругвай	urugvaj
Uzbequistão (f)	Өзбекистан	øzbekistan
Vaticano (m)	Ватикан	vatikan
Venezuela (f)	Венесуэла	venesuela
Vietnã (m)	Вьетнам	vjetnam
Zanzibar (m)	Занзибар	zanzibar

www.ingramcontent.com/pod-product-compliance
Lightning Source LLC
Chambersburg PA
CBHW060034050426
42448CB00012B/3000